Auf drei Säulen ruht die Welt

Daniel Lifschitz

Auf drei Säulen ruht die Welt

Lebenswissen der Chassidim

Herder Freiburg · Basel · Wien

Aus dem Italienischen von Christina Callori di Vignale

Umschlaggestaltung: Hermann Bausch
Reproduktionen: Rete Graphische Kunstanstalt GmbH, Freiburg
Herstellung: Freiburger Graphische Betriebe 1996
ISBN 3-451-26061-1

Licht auf dem Wort

Vorwort

Als ich die Arbeiten von Daniel Lifschitz zum ersten Mal sah, fühlte ich mich nach Jerusalem versetzt, in jene Stadt, die für Israel ebenso wie für Christen und Moslems Verheißung und Prophezeiung zugleich bedeutet. Ich hatte das Gefühl, geradezu körperlich in dieser Stadt anwesend zu sein, die den Namen „Hier ist der Herr!“ (Ez 48, 35) trägt: Man geht im Morgengrauen mit langsamem Schritt durch ihre Tore, erblickt hinter den Fenstern die Gesichter der über die Thora gebeugten Rabbiner, läuft durch die von den Chassidim belebten Gassen und gelangt zur Ostmauer, der Klagemauer.

Die Werke von Daniel Lifschitz faszinieren hauptsächlich durch ihre Stille – eine Stille, die jedes Geräusch verstummen läßt und die Atmosphäre und die Atemluft erfüllt. Eine Stille, die nur durch die Erscheinung des Nichtgesagten möglich ist und eine Präsenz heraufbeschwört. Eine Stille des Hörens und der Kontemplation über die Dinge und über die Suche nach Gott.

Aber wenn man diese Stille wahrgenommen hat, oder besser: wenn man sich in ihr gesammelt hat, wird man sogleich auch vom Licht überflutet; einem Licht, das nie aus der Dämmerung kommt, sondern immer eines aus dem Osten ist, ein Licht des anbrechenden Morgens und der Sonne, das aufstrahlende Licht aus der Höhe (Lk 1, 78).

So wird es zu einem geistigen Leitfaden, zur „Erinnerung an das Ursprungslicht“, das Licht vom Berg Tabor. Aus dem tiefen Schwarz, auf dem Daniel Lifschitz seine Pastellfarben aufbringt, geht es auf und verwandelt und erfreut das Herz. Es ist nicht statisch, sondern ein pulsierendes und unbeschreibbares Licht, das mit dem Betrachter wächst.

Ein drittes Element in den Bildern von Daniel Lifschitz ist die Darstellung des jüdischen Lebens in Israel. Man beobachtet und sieht die Chassidim, wie er selbst sie in Mea Shearim, dem jüdisch-orthodoxen Stadtteil Jerusalems, angetroffen hat: am Sabbat, das Herz der Thora zugewandt, das Gesicht über das Buch gebeugt. Man sieht sie auf den Straßen, mit dem langsamen, sicheren Schritt derer, die die Mauern der „Heiligen“ betrachten. Man errät unter dem Tallit die Gesichtszüge von Männern, die vor Gott ins Gebet versunken sind. Man hört sie in der Jeschiwa flüstern oder in der Synagoge singen.

Beim Betrachten bekommt man einen Eindruck von der Verheißung, die mit Jerusalem verbunden ist, jener Stadt, in der die Weisheit der Chassidim auch heute noch unvermindert lebendig ist. Die Bilder sind voll von diesen Dimensionen: Es ist eine Malerei, die die Anwesenheit Gottes „sieht“ und „sichtbar macht“, welche im Herzen der Chassidim wie in einem kostbaren Schrein zärtlich aufbewahrt wird.

In diesem Buch sind die einzigartigen Gemälde von Daniel Lifschitz mit einer Sammlung chassidischer Worte verbunden, die zu den weisesten ihrer Tradition zählen. Die frische, lebendige und zugleich tiefgreifende Weisheit der chassidischen Meister erzählt vom Recht Gottes, von der Ruhe und der Mühsal des menschlichen Weges und eröffnet im Zusammenklang mit den Bildern berührende Einblicke in die reine Spiritualität und das reiche Lebenswissen der Chassidim.

Enzo Bianchi, Prior von Bose, Italien

Die Welt der Chassidim – gelebte Weisheit im Alltag

Im 17. Jahrhundert geriet das osteuropäische Judentum in eine Krise: Die Auswanderung vieler Rabbiner nach Westeuropa führte zum Niedergang der rabbinischen Kultur. An die Stelle verständlicher Lebensbegleitung trat eine barock anmutende, künstliche Gelehrsamkeit. Dem einfachen, der Thora wenig kundigen Gläubigen war damit die Führung entzogen, die seine Religiosität hätte begleiten sollen.

In dieser Situation bot die von Rabbi Israel Ben Elieser begründete Lehre des Chassidismus die Möglichkeit zu einer geistigen und gesellschaftlichen Erneuerung, die vielen Gläubigen den Weg zu Gott wieder öffnete.

Das Fundament des Chassidismus bilden nicht die Vernunft, sondern das Empfinden, nicht äußerlicher Formalismus, sondern inneres Erleben. Indem die innere Regung und die Tat und nicht ein übersteigertes Gelehrtentum als höchste Leistung des Gläubigen betont wird, bieten sich Ausweg und Perspektive zugleich: Nicht das Wissen bestimmt den Wert des Menschen, sondern die Unverfälschtheit und Wahrheit seiner Seele; zum Ziel, der inneren Verschmelzung mit Gott, gelangt nur, wer alle Eitelkeiten ablegt.

Neben der Betonung von Demut und Nächstenliebe ist ein weiterer Zug des Chassidismus ein leidenschaftlicher Positivismus: Es gibt nichts Böses, denn alles kommt von Gott, und Böses kann von ihm nicht ausgehen. Dieses Vertrauen auf den Schöpfer ist grenzenlos, das Leben hat immer einen Sinn, selbst wenn es der ist, leiden zu müssen.

Geleitet von diesen Idealen, streben die Chassidim danach, sich mit Gott zu verbinden und alles Handeln auf ihn zu richten. Nichts weiter bedarf es dazu als einer uneingeschränkt auf ihr göttliches Ziel hin gerichteten Seele. Die Welt, in der der Chassid lebt, gewährt ihm dabei den Zugang zu Gott. Und welchen Sinn machte es demnach, die Lust am Wesen der Dinge und des Seins zu beschneiden, wenn man gerade in ihnen zu Gott durchdringen kann?

So ist die chassidische Lehre die theoretische Ausformung einer Spiritualität, die wirklich gelebt wurde, und keine abstrakte Dogmatik. Diese Lebendigkeit verleiht dem Verhältnis der Chassidim eine eindrückliche Stärke; in der gemeinsamen Bindung an den Zaddik (und durch ihn ans göttliche Leben) sind sie auch im Alltag miteinander verflochten.

Seine Blütezeit erfuhr der Chassidismus in den ersten sechs Generationen; um 1815 umfaßte er die Hälfte der osteuropäischen Juden. Durch konkurrierende Strömungen verlor er Mitte des 19. Jahrhunderts jedoch seine historische Bedeutung. Die Wirkung seiner Lehre aber besteht bis heute innerhalb und außerhalb des Judentums fort; am eindrucksvollsten in Mea Shearim, wo die Gläubigen nicht nur die Gebote verbindlich befolgen, sondern auch die im Chassidismus geprägten Formen des Lebens: So entwickelte sich hier im Lauf der Jahrzehnte *das* Zentrum der strenggläubigen Juden. Nur wenige Gehminuten trennen das 20. Jahrhundert in der Neustadt von einer Lebenswelt, wie sie zu Zeiten des Bescht in Krakau oder Lemberg nicht viel anders existiert haben dürfte. Ungeachtet aller Ausformungen des ultraorthodoxen Judentums, mit denen sich der Staat Israel konfrontiert sieht, ist in Mea Shearim die Spiritualität der Chassidim lebendig geblieben. Sie ist Zeuge einer Welt gelebter Weisheit, deren existentieller Religiosität eine unerschütterliche Gewißheit zugrunde liegt: Der Mensch kann von seiner Wurzel, von Gott, niemals getrennt werden.

Zwei Weisen, die heiligen Bücher zu lesen

Es gibt zwei unterschiedliche Weisen, die heiligen Schriften zu lesen. Der einen folgen jene, die die Weintrauben nur mit den Fingerspitzen ausdrücken. So werden sie stets nur den ersten Saft aus der Frucht auspressen. Und da dieser Saft wässrig ist und nicht gärt, werden sie sagen, die Weintrauben seien schlecht.

Zu ihnen gehören jene, die ein Buch bis zum Schluß hastig durchlesen und nichts darin finden, was ihre Aufmerksamkeit verdient.

Der anderen Weise des Lesens folgen jene, die jede Beere der Traube noch bis zum letzten Tropfen auspressen. Der Saft gärt zu einem köstlichen Wein. Diese Leser vertiefen sich in jedes gelesene Wort und ergötzen sich an den Gedanken, die daraus entspringen.

Zuviele Bücher

Einst sagte der Rabbi von Kobryn: „Wenn es in meiner Macht stünde, würde ich alle Schriften der Zaddikim verstecken. Wenn einer viel über den Chassidismus weiß, übersteigt sein Wissen fast immer seine Taten."

Studieren, ohne dem Herrn zu dienen

Rabbi Bunam sagte: „Wer seine ganze Zeit dem Studium der Thora widmet, ohne dabei dem Herrn zu dienen, gleicht einer Bibliothek voller guter Bücher, die niemand liest. Die Bibliothek ist da, und die Bücher sind da, doch es nützt niemandem."

Ein so grosser Gott und ein so kleines Buch

Als der Rabbi von Berdichev ein Exemplar des Büchleins *Tanya* von Rabbi Schneur Zalman von Ladi erhielt, rief er voller Erstaunen: „Welch ein Wunder! Ein so großer Gott in einem so kleinen Buch."

Studium

Einst sah der Baal Schem Tow einen Mann, der völlig ins Studium seiner Bücher vertieft war. Er sagte: „Dieser Mann ist so in seine Studien versunken, daß er die Anwesenheit Gottes in dieser Welt vergessen hat."

Aufsehen wegen eines halben Buches

Einmal wurde Rabbi Bunam von einem Mann erzählt, der jeden Tag die Hälfte der Psalmen aufsagte und darüber sehr stolz war. Der Rabbi lachte und sagte: „Genau in der Mitte des Buches der Psalmen, im Kapitel 78, Satz 36, steht geschrieben: ‚Sie heuchelten ihm aber mit ihrem Munde, und mit ihrer Zunge logen sie ihm vor.' Wenn dieser Mann also schon wegen eines halben Buches so viel Aufsehen macht, wieviel erst, wenn er das ganze Buch aufsagen würde?"

Studieren und dennoch nichts wissen

Man sagt, Rabbi Israel, der Maggid von Kosnitz, habe in seiner Jugend achthundert Bücher der Kabbala studiert. Doch als er das erste Mal dem Maggid von Mezeritz gegenüberstand, erkannte er sogleich sein Nichtwissen.

Selig der Mann, der die Thora liebt

Studien der Schrift

Was man vor dem Beten tun soll

Ein Chassid fragte den Rabbi von Tzanz: „Was macht Ihr, Rabbi, vor dem Beten?“ Er antwortete: „Ich bete darum, in angemessener Weise beten zu können.“

Beten mit dem Herzen, nicht mit dem Kopf

Ein Chassid klagte Rabbi Bunam, er werde nach dem Beten oft von starken Kopfschmerzen gequält. „Was kann Beten mit Kopfschmerzen zu tun haben?“ rief der Rabbi. „Gebet ist ein Dienst des Herzens, nicht eine Arbeit des Kopfes.“

Das götzendienerische Gebet

Der Baal Schem Tow sagte: „Willst du Gott finden, mußt du dich selbst verlieren. Ist einer nach dem Gebet zufrieden und fühlt sich denen überlegen, die nicht beten, hat er nicht zu Gott, sondern zu sich selbst gebetet. Was ist das anderes als Götzendienst, der sich als Frömmigkeit verkleidet?“

Man kann überall beten

Der Baal Schem Tow sagte: „Der Mensch braucht keine heiligen Stätten für seine Gebete, weder Synagogen, noch Jeschiwot, noch Tempel. Er kann überall beten, auch unter den Bäumen des Waldes.“

Der Rabbi betet das Shemà Israel

Erwartung des Messias

Vor dem Gebet *Kol Nidrei* sprach Rabbi Mosche Teitelbaum von Ohel folgendes Gebet vor der Bundeslade:

„Herr des Universums! Du weißt, daß ich unwürdig bin, aber Du weißt auch, daß ich nicht lüge. Und jetzt, bevor der Jom Kippur beginnt, will ich Dir offenbaren, was ich wirklich denke.

Wenn ich erfahren hätte, daß der Messias im Verlauf meines Lebens nicht erscheint, hätte ich Dir schon vor langem meine Seele zurückgegeben, denn das einzige, was mich am Leben hält, ist die Hoffnung, daß er bald kommt. Schicke ihn jetzt, nicht aufgrund dessen, was wir sind, sondern damit Dein Name verherrlicht werde. Ich bin bereit, jetzt zu sterben, wenn gewiß ist, daß ich nicht unter jenen sein werde, die seine Ankunft erleben, oder wenn meine Art zu leben die Erlösung auch nur um einen Augenblick verzögern sollte."

Der Messias kommt jeden Tag

Ein Chassid fragte den Rabbi von Berdichev: „Widersprechen die Worte des Propheten Malachias, mit denen er die Ankunft des Elijas vor dem großen Tag der Erlösung ankündigt, damit er die Herzen der Väter und ihrer Söhne vorbereite, nicht den Aussagen des Talmud? Denn dort antwortet der Messias auf die Frage nach dem Zeitpunkt seiner Ankunft mit den Worten: ‚O daß ihr heute seine Stimme doch höret.'"

Der Rabbi antwortete: „Der Messias wird auch ohne die Ankunft des Elijas kommen, wenn wir selbst unsere Herzen auf sein Erscheinen vorbereiten, ohne den Propheten zu bemühen. Laßt uns daher erwachen, laßt uns der Stimme des Herrn gehorchen und bereit sein, den Messias täglich zu empfangen."

Das Herz verändert die Welt

Rabbi Nachman von Bratzlav sagte: „Ich habe gehört, daß bei der Ankunft des Messias jeder seine Geschäfte aufgeben wird. Der Bankinhaber wird seinen Geldschrank wegwerfen, der Kerzenfabrikant sein Wachs, so wie Jesaja es sagt: ‚An jenem Tag wirft der Mensch seine Götzen von Silber und seine Götzen von Gold weg.'

Die Menschen stellen sich vor, daß sich bei der Ankunft des Messias die Welt verändern wird. Die Wirklichkeit wird sich jedoch nicht verändern, nur das Herz der Menschen, und ein jeder wird sich über den Wahn seiner Wege schämen."

Warum?

Rabbi Elieser Lippmann, der Rabbiner von Rozniatov, bedrängte Rabbi Mendel mit der Frage, warum der Messias nicht komme und die von den Propheten verheißene Erlösung nicht erfolge.

Rabbi Mendel antwortete: „Es steht geschrieben: ‚Warum ist der Sohn Isajs nicht gekommen, weder heute noch gestern?' In der Frage findest du die Antwort: ‚Warum ist er nicht gekommen? Weil wir heute sind, wie wir gestern waren!'"

Der Mensch besitzt nur das Heute

Rabbi Nachman von Bratzlav sagte: „Verschiebe nicht einen Neuanfang deines Lebens auf morgen. Sage nicht: ‚Morgen werde ich Gott dienen, wie es sich gehört; ab morgen werde ich Ihn mit meinem ganzen Herzen und mit allen meinen Kräften lieben.'

Der Mensch besitzt nur das Heute; den Tag und die Stunde, in der er lebt. Das Morgen ist eine Welt, die ihm nicht gehört. Davon spricht der Psalm, wenn es heißt: ‚O daß ihr heute seine Stimme doch höret.'"

Wartend auf ihn

Zwei Arten von Zaddikim: Palme und Zeder

Zu dem Psalmenvers „Der Gerechte blüht wie die Palme, wie die Zeder des Libanon wächst er empor", sagte der Maggid von Mezeritz: „Es gibt zwei Arten von Zaddikim. Die einen beschäftigen sich mit den Menschen, ermahnen und belehren sie; die anderen nutzen die Lehren nur für sich selbst. Die ersten tragen nahrhafte Früchte wie die Dattelpalme, und die zweiten sind wie die Zedern, hoch, fern und unfruchtbar."

Der Gerechte gleicht einer Palme

Eine Gruppe Chassidim besuchte einst den „Großen Maggid", Dow Baer von Mezeritz, und bedrängte ihn mit Fragen. Jeder stellte immer wieder andere Fragen. Das ging so über viele Stunden und hinderte ihn am Studium der Thora und am Gebet.

Als es dem Meister zuviel wurde, sagte er: „König David vergleicht den Gerechten mit einer Palme. Wenn ihr mir keine Zeit laßt, mich der Thora zu widmen, habt ihr bald keine Palme vor euch, sondern einen ausgetrockneten Baumstamm."

Wer ist für mich, wenn nicht ich?

Rabbi Tzvi Ezechiel Michelson erläuterte folgenden Spruch der Väter: „Wenn ich nicht für mich bin, wer ist dann für mich? Und wenn ich nur für mich bin, wer bin ich? Und wenn nicht jetzt, wann?" Er sagte hierzu: „Wenn ich nicht nur für mich selbst studiere, sondern auch die anderen lehre, dann werden die Schüler, die aus meiner Lehre Nutzen ziehen, von mir Zeugnis ablegen. Wenn ich aber nur für mich selbst studiere, ohne die anderen zu lehren, was nutzt dann mein Studium? Auch wenn während meines Lebens seine Nichtigkeit nicht deutlich wird, wird sie sich nach meinem Tod offenbaren."

Einer stützt den anderen

Der Baal Schem Tow erzählte folgendes Gleichnis: „Ein Zugvogel von seltener Schönheit flog in die Nähe des Königspalastes und ließ sich auf einer hohen Palme nieder, um dort sein Nest zu bauen. Der König empfand den unwiderstehlichen Wunsch, dieses herrliche Tier zu besitzen. Er befahl daher seinen Hofleuten, eine Menschentreppe zu bilden. Jeweils ein Mann sollte auf die Schultern des anderen steigen, bis der oberste den Vogel mit einem Netz fangen konnte. Obwohl man starke Männer wählte, kam einer ins Wanken, und das ganze menschliche Bauwerk stürzte ein. Wegen der Schuld eines einzigen Menschen blieb der Wunsch des Königs unerfüllt.

Das gleiche geschieht mit uns. Um die Heiligkeit zu erreichen und die Liebe Gottes auf die Erde herabzuholen, ist der Zaddik auf die Stütze eines anderen angewiesen, und dieser hängt wieder von der Stütze anderer ab. Aber wenn nur einer ins Wanken gerät, wankt die ganze Gemeinschaft und stürzt zusammen, und der Zaddik muß von vorne anfangen."

Die sechs Weisen

Gemeinschaftsgebet

Worte sind wie Wassertropfen

Rabbi Nachman sagte über das Gebet: „Man kann kein guter Jude sein, wenn man nicht täglich einen Teil seiner Zeit dem Zwiegespräch mit Gott widmet. Auch wenn es einem nicht gelingt, sich zu konzentrieren, darf man nicht aufgeben, sondern muß fortfahren, seine Gedanken in Worte zu fassen. Diese Worte sind wie Wassertropfen, die ununterbrochen auf den Felsen fallen, bis sie ihn aushöhlen. Auf die gleiche Weise durchdringen Worte das versteinerte Herz eines Menschen.

Der Mensch müßte jeden Tag in seinen Gebeten zum Herrn sagen: ‚Heute beginne ich, mich mit Dir zu vereinen, Herr.‘

Niemand vermag bewegungslos in der gleichen Position zu verharren. Und so verlangt auch das Erreichen der Heiligkeit ein ständiges Gehen. Es ist dabei vollkommen unwichtig, ob einer zurück oder vorwärts geht, wichtig ist allein, daß er sich überhaupt bewegt und immer wieder anfängt.

In einem ehrlichen Gebet weint und schreit der Mensch nach dem Herrn wie das Kind, das seinen Vater fortgehen sieht. Es ist keine Traurigkeit in diesem Weinen. Nur Begehren und Sehnsucht.

Die Nächstenliebe öffnet den Weg zur Heiligkeit: Ein Mensch sollte sich daher stets in Nächstenliebe üben, bevor er betet oder ein Gebot erfüllt. Dieses Einüben der Nächstenliebe macht den Weg zur Heiligkeit viel weniger beschwerlich.“

Gebete, die den Himmel verschliessen

Einst blieb der Baal Schem Tow auf der Schwelle der Synagoge stehen und weigerte sich, sie zu betreten. „Ich kann nicht eintreten“, sagte er, „sie ist von einer Seite zur anderen und vom Fußboden bis zur Decke so voller Gebete, daß für meine kein Platz mehr ist.“

Als er die erstaunten Blicke der Umstehenden bemerkte, setzte er hinzu: „Worte, die nicht zum Himmel gerichtet sind, steigen nicht in die Höhe, sondern füllen das Haus von einer Seite zur anderen, vom Boden bis zur Decke und verschließen den Himmel.“

Chassidische Synagoge

Auf dem dünnen Seil des Lebens

Eines Tages kam ein Akrobat nach Krasny und verkündete, er wolle auf einem von Ufer zu Ufer gespannten Seil den Fluß überqueren. Rabbi Chaim von Krasny, ein Schüler des Baal Schem Tow, begab sich zum Fluß, um sich die Darbietung anzuschauen.

Als seine Freunde bemerkten, wie gebannt er zuschaute, fragten sie ihn, warum er so stark von der Darbietung mitgerissen sei. Er antwortete: „Ich bewunderte die Bereitschaft des Akrobaten, sein Leben zu riskieren. Ihr könnt natürlich sagen, er tue es für Geld oder um von der Menge Applaus zu bekommen. Aber das trifft nicht zu. Wenn er es allein aus diesen Gründen täte, würde er ins Wasser fallen. Seine Aufmerksamkeit ist ausschließlich auf eine Sache gerichtet, denn nur so kann er sein Gleichgewicht halten. Seine Rettung verdankt er ausschließlich seinem unbeugsamen Willen, sich geradezuhalten, ohne dabei an irgendeine Belohnung zu denken.

Auf diese Art muß auch der Mensch das dünne Seil des Lebens überqueren."

Über das Studium der Thora

Rabbi Nachman von Bratzlav sagte: „Wer unablässig die Thora studiert, gleich ob er sie verstanden hat oder nicht, heilt seine Seele, vereint sie mit der Quelle und verherrlicht den Ruhm Gottes.

Das Studium der Thora heilt nervöse Krankheiten, die durch die Sünde hervorgerufen wurden.

Durch das Studium der Thora wird auch der härteste und niedrigste Sünder aus dem Schmutz erhoben."

Götzendienerisches Studium

Der Baal Schem Tow lehrte: „Aus Liebe zum Wissen die Thora zu studieren, ist eine Entweihung. Es bedeutet eine Verletzung des Verbots, fremde Götter zu verehren, denn die Sucht nach Wissen ist ein Götze. Das Studium der Thora hingegen ist an die Frömmigkeit des Herzens gebunden."

Ein Mann, der ihn so sprechen hörte, erwiderte: „Unsere Weisen haben uns aber gesagt, das Studium der Thora aus Liebe zur persönlichen Karriere sei nicht vollkommen verwerflich, denn wer die Thora zum eigenen Vorteil studiert, wird sie zum Schluß aus Liebe zu Gott studieren."

Der Baal Schem Tow erwiderte: „Ich widerspreche dem, was unsere Weisen gesagt haben, nicht, doch die von dir angeführte Erklärung des Talmud macht aus Weisheit Wahn. Zur Zeit unserer Weisen genügte es, einen Tag der Thora zu widmen, um den Menschen von einem Studium aus Eigennutz abzubringen und zu einem Studium aus Liebe zu führen. Heute hingegen reicht hierfür ein ganzes Leben nicht aus."

Von der Thora reden und Thora werden

Rabbi Loeb, der Sohn Sarahs, sprach folgendermaßen über die Rabbiner, die „Thora sagen": „Was bedeutet es, wenn sie ‚Thora sagen'? Der Mensch muß darauf achten, daß alle seine Handlungen Thora werden und er selbst Thora wird, bis man aus seinen Gewohnheiten, seinen Bewegungen und seinen Gedanken lernen kann, ja bis er wie der Himmel geworden ist, von dem es heißt: ‚Da ist keine Sprache, kein Wort, unhörbar bleibt ihre Stimme. Und doch, in alle Welt ertönet ihr Ruf, ihre Botschaft bis an die Enden der Erde.'"

Studium des Talmud

Auch der Schlaf ist ein Dienst an Gott

Rabbi Sussya sagte: „Auch der Schlaf ist ein Dienst an Gott. Wer im Dienst Gottes an Heiligkeit wachsen will, muß das Stadium des Schlafes durchlaufen.
Er muß auf das verzichten, was er am meisten liebt, um einen neuen Geist zu empfangen. Das geschieht im Schlaf, und hier liegt sein Geheimnis. Auch der Schlaf ist ein Dienst an Gott."

Im Schlaf erholt sich die Seele

Der Baal Schem Tow sagte: „Betrachte die Stunden, die du mit Essen oder Schlafen verbringst, nicht als einen Zeitverlust. In diesen Phasen ruht sich deine Seele aus und erhält die Kraft, um das heilige Werk mit neuer Begeisterung zu beginnen."

Der Schlaf ist Gottesdienst

Rabbi Mordechai von Lekhivitz erläuterte den Psalm 127: „Umsonst, wenn ihr euch erhebt vor dem Tag, euch müht bis spät in die Nacht: Ihr esset das Brot harter Mühsal; dem von Ihm Geliebten schenkt Er es im Schlaf."
Er sagte: „Viele fromme Menschen möchten Gott dadurch dienen, daß sie vor Sonnenaufgang aufstehen und bis spät in die Nacht wachen, um die Thora zu studieren. Sie nehmen unter großen Mühen die Nahrung des Geistes zu sich, und ihr Gehirn ist aufgrund von Schlafmangel ganz unbeweglich geworden.
Der Psalmist lehrt uns, daß dies nicht der richtige Weg zum Studium der Thora ist. Er rät uns, dem Herrn ausreichend Schlaf zu weihen, damit der Kopf für das heilige Studium klar und erholt sei. Ein solcher Schlaf ist dem Herrn ebenso lieb wie das Studium selbst."

Dienst in einfachen Dingen

Einst sagte Rabbi Abraham: „Erhaben ist, wer Gott durch Lernen und Beten dient. Aber noch erhabener ist, wer Gott im Handeln und Wandeln und in den einfachen Dingen dient."

Alles ist ein Dienst

Der „Seher" sagte zum Rabbi von Niszchoz, daß bei ihm Lehre und Gebet, Essen und Schlafen ein Dienst wären und er schon allein dadurch die Seele zu ihrer Wurzel erheben könnte: „Denn in allen Taten des Menschen, im Sprechen, Schauen, Horchen, Gehen, Stehen, Bleiben und Liegen ist das Unendliche verborgen."

Wie ein Kosak

Rabbi Jeheskiel von Kazimir ging einmal an einem Winterabend inmitten einer Gruppe seiner Chassidim bei klirrendem Frost hinaus, um den Segen des Neumondes zu sprechen. Sie trafen auf einen Kosaken, der wie eine Statue auf Nachtposten stand. Der Rabbi dachte: „Wie hält er das bloß aus, er muß doch erfrieren", und er fragte ihn: „Und wenn du erfrierst?" Der Kosak antwortete: „Dann wird ein anderer kommen!" Da sprach Rabbi Jeheskiel zu seinen Chassidim: „Schaut, so muß man dem Schöpfer dienen!"

Auch der Schlaf ist Gottesdienst

Exodus

Der Maggid von Kosnitz sagte: „Der Mensch muß jeden Tag aus seinem Ägypten ausziehen."

Gehen

Der „Yud" sagte: „Wenn ein Mensch sich nicht sicher ist, ob er während des Tages Fortschritte auf dem Weg der Heiligkeit erzielt hat, dann hat er bestimmt einen Rückschritt gemacht. Der Mensch muß immer gehen; er darf nie stillstehen. Wenn er nicht vorangeht, geht er zurück."

Der Weg des Lebens

Rabbi Mosche Loeb von Sassov sagte: „Der Weg des Lebens in dieser Welt gleicht einer Messerschneide: auf der einen Seite die Welt der Toten und auf der anderen Seite die Welt der Toten; in der Mitte der Weg des Lebens."

Zwei Wege

Rabbi Abraham Joschua Heschel von Apt erzählte folgendes Gleichnis: „Zwei Männer kamen an eine Kreuzung: Der eine wählte eine gefährliche, in schlechtem Zustand befindliche Straße, der andere eine ebene und gerade verlaufende, um ans Ziel zu gelangen.

Der erste begegnete vielen Hindernissen, kam jedoch schließlich in der Stadt an. Der zweite hatte anfänglich eine ruhige und sorglose Reise. Als er jedoch ans Ende der Straße kam, befand er sich in einer Sackgasse und mußte den Weg zurückgehen, wodurch er viel Zeit und Kraft vergeudete.

Der erste Reisende ist der weise Mann: Er setzt sein Leben aufs Spiel, um auf dem rechten Weg zu reisen, und erreicht damit sein Ziel.

Der zweite Reisende ist der törichte Mann: Für ihn sind Wohlbefinden und Vergnügen von höchster Bedeutung. Doch es kommt der Tag, an dem er weder weiter Gold anhäufen, noch sich daran erfreuen kann, und dann weiß er nicht mehr weiter. Bestürzt stellt er fest, daß er zu dem Ausgangspunkt, an dem er in seiner Jugend stand, nicht mehr zurückkehren kann, weil die Entfernung zu groß ist."

Reisen

Rabbi Schlomoh von Karlin pflegte zu sagen: „Wer zu Hause ein ganzer Jude ist, wird auf Reisen ein halber Jude. Wer zu Hause ein halber Jude ist, wird auf Reisen ein Viertel Jude."

Die Wahrheit

Einst sagte der Baal Schem Tow: „Ein Sprichwort des Volksmundes lautet: ‚Mit der Wahrheit kann man durch die ganze Welt kommen.' Das stimmt: Mit der Wahrheit kann man in der Tat durch die ganze Welt kommen, denn niemand läßt sie hinein und man wird von einem Ort an den anderen verjagt."

Auf dem Weg zur Mauer

Jetzt schauen wir in einen Spiegel (1 Kor 13, 12)

Im Spiegel sehe ich mich allein

Rabbi Eisig besuchte einen reich gewordenen Juden, der sein eigenes Schicksal schnell vergessen hatte und hartherzig gegenüber den Armen geworden war. Ihm sagte Rabbi Eisig: „Schau durch das Fenster auf die Gasse hinaus und sage mir, was du siehst."

Der Mann tat es und antwortete: „Ich sehe Leute hin und her gehen."

Da nahm Rabbi Eisig einen Spiegel aus der Tasche und hielt ihn dem Mann vor die Augen: „Nun schaue in den Spiegel und sage mir, was du jetzt siehst."

Der andere sah in den Spiegel und erwiderte: „Ich sehe mich selbst."

Da fragte Rabbi Eisig: „Andere Leute siehst du nicht? Bedenke, die Fenster und der Spiegel sind beide aus Glas. Weil aber der Spiegel eine goldene Rückseite hat, siehst du nur dich allein, durch das nicht bedeckte Fensterglas hingegen auch andere Leute. Ich bedauere sehr, daß diese beiden Glasarten mit dir verglichen werden können. Als du arm warst, da hast du auch andere Leute gesehen und für sie Mitleid empfunden, seit du aber reich bist, siehst du niemand mehr als dich allein. Ich halte es daher von Vorteil für dich, daß die Goldseite abgekratzt wird, damit du wieder andere Leute sehen kannst."

Nach diesen Worten begann der Rabbi die Goldmasse vom Spiegel abzukratzen. Der Reiche begriff im gleichen Augenblick; er faßte Rabbi Eisig bei der Hand und sagte: „Ich werde von nun an barmherziger sein."

Das Ich trennt uns von Gott

Rabbi Michael von Zlotzov erläuterte die Worte der Schrift: „Ich stehe zwischen Gott und euch." Er sagte: „Was zwischen Gott und uns wie eine Mauer steht, ist unser Ich. Dieses Ich, dieses Bewußtsein einer von den anderen Wesen getrennten Existenz, ist eine Mauer zwischen uns und Gott. Die Majestät Gottes kommt nur auf jenen herab, der sich als ein Sandkorn im Universum weiß. ‚Ich' ist ein Wort, das nur im Mund Gottes einen wahren Sinn hat."

Täglich Jerusalem erbauen

Der Rabbi von Ropshitz sagte: „Mit unserem Dienst an Gott beteiligen wir uns täglich am Bau Jerusalems. Jeder von uns fügt etwas hinzu, der eine ein Haus, der andere nur einen Backstein. Wenn Jerusalem fertig erbaut ist, wird der Messias kommen."

An deinen Toren, Jerusalem

Gott für Schlechtes und Gutes segnen

Rabbi Schmelke von Nikolsburg und sein Bruder baten einst ihren Lehrer, den Maggid von Mezeritz, ihnen die Worte des Talmud zu erklären: „Man muß Gott für das Schlechte auf die gleiche Weise segnen wie für das Gute."

Der Maggid antwortete: „Geht in die Jeschiwa; dort findet ihr Rabbi Sussya, er wird euch eine Erklärung liefern."

Als Rabbi Schmelke und sein Bruder die Frage an Rabbi Sussya richteten, lachte dieser und sagte: „Es überrascht mich, daß der Maggid euch zu mir gesandt hat. Ihr müßt woandershin gehen und jemanden fragen, der in seinem Leben viel erlitten hat. Was mich betrifft, habe ich in all meinen Tagen nur Gutes erfahren."

Aber Rabbi Schmelke und sein Bruder wußten, daß das Leben Rabbi Sussyas von Geburt an bis zu jenem Tag eine einzige Folge von Leiden gewesen war. Jetzt begriffen sie die Bedeutung der Worte des Talmud und verstanden, warum der Rabbi sie zu Sussya geschickt hatte.

Was Gott geschehen lässt, ist das Beste

Der Rabbi von Turbin erzählte folgende Geschichte: „Zwei Chassidim befanden sich mit Karren und Pferd auf der Reise zum Baal Schem Tow. Die Straße war eng, und sie mußten langsam fahren, weil die vor ihnen befindliche Kutsche eines Edelmannes Schwierigkeiten mit einem Rad hatte. Einer der beiden Chassidim klagte, sie würden bei dieser langsamen Fahrt nicht rechtzeitig zum Sabbat nach Medzibor gelangen. Der andere Chassid antwortete: ‚Was Gott geschehen läßt, ist für uns das beste.' Bald gelangten sie an eine noch engere Wegstrecke, die vom umgestürzten Karren eines Milchverkäufers versperrt wurde. Der Edelmann befahl, die Milchkannen auf einen anderen Karren umzuladen und den umgestürzten Karren zur Seite zu schieben. Als dies geschehen war, fuhr er auf einer Nebenstraße weiter, und die Chassidim konnten jetzt schnell weiterfahren. ‚Siehst du jetzt, daß Gott für uns das beste geschehen läßt?' sagte der Chassid, der nicht geklagt hatte. ‚Wenn der Edelmann nicht vor uns gefahren wäre, wären wir gezwungen gewesen, lange Zeit zu warten, bis der Karren des Milchverkäufers repariert worden wäre. Denn uns zuliebe hätte der Besitzer sich niemals die Mühe gemacht, die Milchkannen umzuladen.'"

Alles steht geschrieben

Als die beiden Brüder Rabbi Elimelekh und Rabbi Sussya noch unerkannt umherzogen, kamen sie eines Nachts in eine Herberge, in der eine Hochzeit gefeiert wurde.

Trunken vom Wein, beschlossen einige Männer, sich die beiden Unbekannten vorzuknöpfen, die in einer Ecke hinter dem Herd hockten. Ohne lange zu fragen, ergriffen sie Rabbi Sussya und schlugen ihn. Erst als sie ihn schlimm zugerichtet hatten, hörten sie auf. Eine Stunde später begannen sie von neuem. Und so ging es weiter bis spät in die Nacht.

„Warum läßt du diese Tortur bloß über dich ergehen?" flüsterte Rabbi Elimelekh.

„Es ist der Wille des Himmels", stöhnte Rabbi Sussya.

„Ich habe eine Idee. Laß uns die Plätze tauschen. Sie merken es in ihrem betrunkenen Zustand nicht. Du wirst sehen, das nächste Mal nehmen sie mich", schlug Elimelekh vor.

Als sie gewechselt hatten, rief einer der Betrunkenen: „Da sind ja zwei! Und es erwischt immer den gleichen! Das ist nicht schön, das ist nicht gerecht! Wollen wir's mal mit seinem Gefährten versuchen, der neben ihm sitzt?"

Später sagte Rabbi Sussya seinem Bruder: „Siehst du? Alles steht geschrieben, und alles trägt zum Guten bei: Wir können nichts daran ändern."

Die Brüder Elimalekh und Sussya

Seele und Körper

Rabbi Scholem erzählte: „Ein berühmter Musiker kam in eine Stadt und ließ in allen Straßen Plakate mit der Ankündigung seines Konzertes anbringen. Alle ehrbaren Leute beeilten sich, Eintrittskarten zu kaufen.

In dieser Stadt lebte ein Krüppel, der ein großer Musikliebhaber war. Er war aber so arm, daß er sich keine Karte leisten konnte. Sein Geld reichte ihm nur für einen Stehplatz auf der Galerie, doch der nützte ihm natürlich nichts. Trotzdem wollte er nicht auf das Konzert verzichten; so lieh er sich das Geld, kaufte sich eine Karte in der ersten Reihe und ließ sich von einem Freund auf den Schultern in den Konzertsaal tragen.

Auf den Schultern des Freundes sitzend, hörte er mit wachsender Freude zu. Immer mehr wurde er vom Genie des Solisten und der Schönheit der Musik ergriffen, so daß er ganz vergaß, wo er sich befand.

Er begann sich zu bewegen, zu tanzen und in die Hände zu klatschen, bis der Freund klagte: ‚Du brichst mir den Hals, hör auf, mich so zu drücken, trommle nicht auf meine Schultern!‘ Doch der Krüppel achtete nicht darauf. Schließlich rief der Freund: ‚Ich kann nicht mehr; jetzt laß ich dich absteigen.‘ Der Arme bettelte um Mitleid, und während der Pause bat er den Freund, ihn zum Buffet zu bringen, wo alkoholische Getränke ausgeschenkt wurden. Dort bestellte er für den Freund eine Flasche Wodka, dann kehrten die beiden in den Konzertsaal zurück. Als der Freund durch den Wodka fröhlich geworden war, ließ er sich selbst so sehr von der Musik mitreißen, daß er anfing, sich zu wiegen, zu tanzen und zu springen, ohne auf das Gewicht auf seinen Schultern zu achten. So stellte sich eine tiefe Einigkeit zwischen den beiden her, und sie genossen gemeinsam das Konzert bis zum Ende.

Die Geschichte lehrt uns“, sagte der Rabbi, „daß wir den Herrn am Sabbat mit fröhlicher und reiner Seele loben sollen; aber die Seele ist ohne den Körper leider verkrüppelt. Ohne den Körper kann sie Gott weder loben, noch Ihm danken. Wenn der Körper unzufrieden ist, kann sich die Seele am Sabbat nicht erfreuen.

Aus diesem Grund müssen wir unseren Körper gut behandeln, ihn mit Wein und köstlichen Speisen erfreuen, damit er sich frei mit dem Geist im Lob des Allerhöchsten vereinen und die Seele in ihrer besinnlichen Freude unterstützen kann. Nur so kann man die Sabbatfreude erleben.“

Vorbereitung auf den Sabbat

Der „Yud“ sagte: „Ein König ließ seine Untertanen wissen, daß er sie besuchen wolle.

Die Weisen stellten alle ihre Verpflichtungen hintenan und bereiteten dem königlichen Besucher einen würdigen Empfang. Die Törichten hingegen reinigten ihre Häuser nur oberflächlich. Als der König dann plötzlich kam, tadelte er sie deswegen; sie baten ihn um Verzeihung und versprachen, ihm in Zukunft mehr Respekt entgegenzubringen.

Gleichermaßen verkündet uns der Herr, daß Er am Tag des Sabbat zu uns kommen wird. Einige bereiten sich daher die ganze Woche darauf vor, die Heiligkeit des Sabbat zu empfangen. Andere hingegen sind nie bereit, den Sabbat würdig zu empfangen, da ihre Herzen voller weltlicher Sorgen sind. Zum Glück gibt uns der Herr am Ende eines jeden Sabbat die Möglichkeit, zu bereuen und mit ganzem Herzen zu Ihm zurückzukehren. Aus diesem Grund singen wir während der dritten Sabbatmahlzeit, der Melaveh Malkah, viele schöne Hymnen und sagen der Königin Sabbat: ‚Auf Wiedersehen!‘“

Der Rabbi von Lubarich

Besser Schweigen

Der Baal Schem Tow sagte: „Schweigen ist besser als Reden, denn im Schweigen kann man an die Größe Gottes denken; aber wenn man spricht, so wichtig der Gegenstand der Rede auch sein mag, schleicht sich doch immer der Wunsch ein, sich Geltung zu verschaffen."

Durch Schweigen die Thora interpretieren

Für lange Zeit predigte Rabbi David Mosche von Tzartkov nicht und legte nicht die Bibel aus. Als man ihn nach dem Grund fragte, antwortete er: „Es gibt siebzig Möglichkeiten, die Thora auszulegen, eine davon ist Schweigen."

Ein Schlüssel zu jedem Problem: das Gebet

Der Maggid von Mezeritz sagte: „Zu jedem Schloß gehört ein Schlüssel. Aber es gibt Diebe, die das Schloß ohne Schlüssel öffnen können, indem sie es aufbrechen. So gibt es für jeden Bedarf ein geeignetes Gebet. Gott liebt den Dieb, der das Schloß aufbricht und zu Seinem Herzen gelangt."

Die Gebetsstunde

Der Raw von Savaliv erzählte: „Man fragte einst den heiligen Rabbi Israel von Ruzhin, weshalb viele Zaddikim die Zeit des Gebets nicht nach der Überlieferung einhalten. Er antwortete mit einem Gleichnis: ‚Ein König hatte eine Stunde bestimmt, zu welcher jedermann vor ihm erscheinen durfte, um sein Anliegen vorzutragen. Nach dieser Zeit war es nicht gestattet, zur Audienz zu erscheinen. Diese Vorschrift galt aber nur für die, die den König in persönlichen Dingen zu sprechen wünschten. Jene, die ihn in Staatsangelegenheiten sprechen wollten, konnten dagegen immer und zu jeder Zeit bei ihm eintreten.'"

„Ba ma, ba ma!"

Einst kam der „Heilige Levite" in ein Gasthaus, wo einige Kaufleute übernachteten, die den Jahrmarkt besuchen wollten. Niemand wußte, daß der Neuankömmling der heilige Raw von Berdichev war. Am Morgen wollten die Kaufleute das Gebet verrichten, bevor sie auf den Markt gingen. Da sie es aber eilig hatten, murmelten sie die Stücke undeutlich herunter, und was sie sprachen, klang nur wie „ba ma, ba ma". Das ärgerte den Rabbi, und er rief sie zu sich. Als sie herantraten, begann auch er zu murmeln: „Ba ma, ba ma." Die Kaufleute hielten ihn für verrückt und wollten sich wieder von ihm abwenden. Da sagte der Rabbi: „Versteht ihr etwa nicht die Bedeutung dieser Worte? Wie könnt ihr dann vor dem Ewigen damit das Gebet verrichten?" Da antwortete ihm einer der Kaufleute: „Auch ein Kind, das noch nicht sprechen kann, plappert nur, ohne daß es irgendein Mensch versteht. Vater und Mutter aber wissen ganz genau, was das Kind ausdrücken will. Nun, sind wir nicht alle Kinder Gottes? Unser Vater im Himmel versteht unser Gebet schon." Der „Heilige Levite" begann vor großer Freude über diese Worte zu tanzen und erzählte sein Leben lang diese Geschichte.

Shemàgebet

Von Gott abhängig sein

Rabbi Mordechai von Lekhivitz war in der ersten Hälfte seines Lebens sehr arm. Oft litten seine Frau und seine Kinder Hunger.
Eines Tages traf ein Verwandter den Rabbi Hymnen singend in der Synagoge.
„Deine Frau und deine Kinder weinen", rief er aus, „und du singst?"
„Sie haben auch Grund zum Weinen, denn sie sind von mir, einem gewöhnlichen Sterblichen, abhängig. Ich hingegen bin vom Allmächtigen abhängig und habe daher allen Grund zum Singen."

Die einzige wahre Gabe

In bezug auf die Worte der Schrift: „Wenn einer von Euch dem Herrn eine Opfergabe darbringen will", sagte der Rabbi von Ritzin: „Nur wer sich Gott darbringt, darf sich Mensch nennen."

Gott wünscht deine Umkehr

Der Rabbi von Kobryn erläuterte den Vers „Horch! Mein Geliebter! Sieh da, er kommt, springend über die Berge, hüpfend über die Hügel!" folgendermaßen: „Der Midrasch berichtet: Als Moses Israel die bevorstehende Erlösung verkündete, sagten die Söhne Israels: Wie können wir erlöst werden, da wir auf jedem Berg und auf jedem Hügel den Götzen Altäre errichtet haben? Moses antwortete: Wenn Gott euch ruft, heißt das, daß Er nicht auf eure Tempel voller Götzen schaut. Seine Augen ‚springen über Berge, hüpfen über die Hügel'.
Wenn eine Jude heute von einer guten Predigt ergriffen wird, verspürt er den heißen Wunsch, bessere Wege zu gehen und zu Gott zurückzukehren. Doch sein böser Trieb in ihm flüstert ihm zu: Wie kannst du ein guter Jude werden, du, der die Gebote Gottes und Seine Vorschriften so viele Jahre verachtet hat?
Aber der Zaddik sagt zu ihm: Gott wünscht nichts anderes als deine Umkehr. Er hat die Vergangenheit vergessen, ‚er springt darüber hinweg'."

Der heilige Neid

Der Rabbi von Berdichev ging einmal auf der Straße auf einen Mann zu, der alle Gebote übertrat und eine sehr hohe Stelle bekleidete, faßte ihn am Rock und sagte: „Wie muß ich dich beneiden, lieber Bruder! Wenn du zu Gott in Liebe umkehrst, wird aus jeder deine Missetaten ein gutes Werk werden. Lieber Bruder, ich beneide dich mit heiligem Neid."

Bessert Euch!

Rabbi Bunam erzählte: „Die Notwendigkeit, sich zu bessern, habe ich auf dem Holzmarkt in Danzig von einem polnischen Edelmann gelernt, der einen großen Wald besaß. Ich wollte von ihm eine große Menge Holz kaufen, ging aber auf den verlangten Preis nicht ein und verhandelte lange. Der Edelmann sagte auf polnisch: ‚Bessert Euch!' Er meinte, ich solle den Preis erhöhen. Ich bot mehr, und am Ende wurde das Geschäft abgeschlossen. Da begriff ich, daß sich der Mensch immer mehr bessern muß, um ans Ziel zu kommen."

Shemà Israel

Zur Mauer

Niemand befolgt die Thora

Rabbi Pinchas von Koretz sagte: „Nur der Törichte hält sich für einen perfekten Menschen. Gedenke der Worte des Herrn: ‚Und diese Worte, die Ich dir heute anbefehle... du sollst von ihnen reden, wenn du zu Hause weilst und wenn du auf Reisen bist, wenn du dich hinlegst und wenn du aufstehst.' Du wirst also über nichts anderes reden als über die Thora.

Und weiter: ‚Das Buch dieser Thora wird sich nicht von deinem Munde entfernen, sondern du wirst mit ihr Tag und Nacht sprechen.' ‚Mit ihr', der Thora, und nicht mit weltlichen Geschäften.

Und wer sonst, außer einem Törichten, hält sich für einen Gerechten, da doch jeder unzählige Male diesen Worten zuwiderhandelt?"

Laufen lernen

Ein Schüler fragte den Baal Schem Tow: „Weshalb empfindet jemand, der Gott liebt und sich ihm nahe weiß, manchmal Leere und Ferne?"

Der Baal Schem Tow erklärte ihm: „Wenn ein Vater seinem Kind das Laufen beibringen will, stellt er es zuerst vor sich und hält die Hände nahe an beiden Seiten des Kindes, damit es nicht fällt; so geht das Kind zwischen den Händen des Vaters auf diesen zu. Aber wenn es beim Vater angelangt ist, entfernt sich dieser ein Stück und hält die Hände weiter weg, damit das Kind Laufen lernt."

Barmizwa an der Mauer

Studenten und Gelehrte der Thora

Rabbi Meir Schalom von Porissov sagte: „Jemand kann den Herrn bitten, daß er ein frommer, vollkommener Jude werde, aber der Herr wird sich nicht herablassen, ihn zu erhören. Warum? Weil es nur sehr wenige vollkommene Juden gibt, und weil nicht jeder einer werden kann. Können alle Soldaten Generäle werden? Der Midrasch sagt, daß ein Student unter Tausend ein Gelehrter der Thora wird. Und was ist mit den anderen? Sie bilden jene Tausend, aus denen der Gelehrte hervorgeht. Ohne sie hätte er nicht die Möglichkeit hervorzuragen."

Er setzte hinzu: „Wißt ihr, wer als echter Gelehrter hervorragt? Nicht der, der glaubt, es zu tun, sondern der, der alle seine Kraft darauf verwendet, damit unter den Tausend der große Gelehrte hervorragt."

Sich mit Israel vereinen

Der Rabbi von Ger sagte in seiner Predigt zum Jom Kippur: „Wenn ich nicht für mich bin, wer wird für mich sein? Und wenn nicht jetzt, wann?" Seine Erklärung lautete: „Wenn ich nicht meinen Dienst am Herrn vollbringe, wer vollbringt ihn für mich? Und wenn nicht jetzt, in diesem Augenblick, wann? Wann wird dieser jetzige Augenblick, in dem ich dem Herrn nicht gedient habe, wiederkommen? Der jetzige Augenblick ist seit der Zeit der Schöpfung der Welt nie dagewesen und wird nie wieder sein. Zuvor war ein anderer Augenblick; später wird ein anderer Augenblick sein. Und jeder Augenblick hat seinen Dienst.

Widmen wir uns daher mit ganzer Kraft der Thora. Die Thora ist das Eigentum ganz Israels, und wer in ihr arbeitet, tritt in Gemeinschaft mit ganz Israel. Laßt uns also für ganz Israel arbeiten, und ganz Israel wird für uns arbeiten. Irgend jemand in Israel hat Gott in dem Augenblick gedient, den wir vergeudet haben. Wenn wir uns aber mit Israel vereinen, vereinen wir uns mit dem von einem Menschen in diesem Augenblick in Israel vollbrachten Dienst. Wenn wir aber für uns allein sind, was sind wir dann?

Wenn wir uns nicht mit Israel vereinen, wie können wir für den vergeudeten Augenblick büßen? Der zukünftige Augenblick kann nicht für den jetzigen Augenblick büßen.

Wenn jemand eine schwere Sünde begangen hat, denke er nicht mehr an das, was er getan hat. Denn da, wo unsere Gedanken sind, da sind wir mit unserer Seele. Wenn wir nicht an die Einheit Israels glauben, können wir uns nicht zu Gott bekehren.

Und wenn jemand eine schwere Sünde begangen hat, warum soll er daran denken? Warum die eigene Seele weiter mit Dreck beschmutzen? Was willst du? Wenn du hier aufwühlst und dort aufwühlst, Dreck bleibt Dreck. Was kann dem Himmel aus dem Grübeln über deine Sünde Gutes erwachsen? In der Zeit, in der du grübelst, kannst du eine gute Tat vollbringen, die Gott wie eine Perle präsentiert wird.

Wende dem Bösen den Rücken, denke nicht mehr daran und tue Gutes.

Wenn du viel gesündigt hast, wiege es durch gute Taten auf. Beschließe heute, dich von der Sünde abzuwenden, und tue Gutes, und zwar aus der Tiefe deines Herzens und mit freudiger Liebe. Sage schnell das Gebet: ‚Für die Sünden'; verweile hingegen möglichst lange bei dem Gebet ‚Und Du, Herr, wirst herrschen'."

Jeschiwa

Messiaserwartung

Ich vereine mich mit ganz Israel

Vor dem Gebet pflegte Rabbi Michael von Zlotzov zu sagen: „Ich vereine mich mit ganz Israel, mit denen, die größer, und mit denen, die kleiner sind als ich. Mit den Größeren, damit durch sie mein Gebet aufsteigen kann; mit den Kleineren, damit durch mich ihr Gebet zum Himmel gelangt."

Die Einheit Israels erreicht den Himmel

Der Rabbi von Kozmir sagte: „Wenn alle Juden einander lieben werden, wird Israel wie ein Riese sein; der Arm aller wird ein einziger langer Arm werden. Dieser wird bis zum Himmel reichen und alle Gnade auf die Erde herabholen."

Gebet im Namen Israels

Rabbi Pinchas von Koretz sagte einmal: „Ein Gebet, das nicht im Namen des ganzen Israel gesprochen wird, ist kein Gebet."

Wenn die Juden vereint sind

Der Rabbi von Sassov fragte: „Warum finden wir in vielen Büchern den Namen Gottes durch die Vereinigung der beiden Buchstaben Yud und Yud dargestellt?

Nun, die Erklärung lautet wie folgt: Wenn die Juden vereint sind, entsteht der Name Gottes, der durch nichts ausgelöscht werden kann. Wenn die Juden hingegen uneinig sind und jeder sich trennt und absondert, bilden sie nicht den Namen des Herrn und können somit jeden Augenblick ausgelöscht werden."

Solange Israel nicht vereint ist

Der Baal Schem Tow sagte: „Es ist die Pflicht eines echten Zaddik, sein Volk zur Einheit zu führen, ohne Rücksicht auf alles, was Uneinigkeit hervorrufen könnte, wie der Unterschied zwischen dem Gebildeten und dem Unwissenden, zwischen dem Reichen und dem Armen, zwischen dem Frommen und dem Ungläubigen, zwischen den Aschkenasim und den Sepharadim.

Denn Gott und Israel sind eins, und ihre Einheit im Himmel wird durch ihre Einheit auf Erden wieder hergestellt. Es gibt nichts Wertvolleres in den Augen Gottes als die Einheit Seines auserwählten Volkes, wie es im Midrasch Tanchumah zum Deuteronomium heißt: ‚Nur wenn das Volk in Einheit lebt, wird Gott es nicht bestrafen, auch nicht für seinen Götzendienst.' Und an einer anderen Stelle heißt es: ‚Israel wird nicht erlöst sein, solange es nicht vereint ist.'"

Jeschiwastudenten beten das Shemà

Mit den Psalmen wird das Böse überwunden

Rabbi Nachman von Bratzlav erzählte: „Gott gewinnt Seine Schlachten mit bescheidenen Menschen, die mit Einfachheit die Psalmen beten, und nicht mit jenen, die sich spitzfindiger Mittel bedienen.

Einst ging ein König als armer Mann verkleidet zur Jagd, um so ungestört seinem Vergnügen nachgehen zu können. Plötzlich setzte ein starker, sintflutartiger Regen ein. Die Minister des König zerstreuten sich in alle Richtungen und ließen ihn in großer Gefahr allein. Der König machte sich auf die Suche nach einem Unterschlupf und fand schließlich das Haus eines Bauern. Dieser lud ihn zu sich ein, setzte ihm Haferflocken vor, zündete den Ofen an und ließ ihn in seinem Bett schlafen. Dem König gefiel, wie er aufgenommen wurde. Er war so müde und erschöpft, daß es ihm schien, als habe er nie so gut geschlafen.

Unterdessen hatten sich die Minister auf die Suche nach dem König gemacht und fanden ihn schließlich schlafend im Haus des Bauern. Sie drängten ihn, sofort mit ihnen zum Palast zurückzukehren.

‚Ihr habt nur an eure eigene Rettung gedacht. Keiner ist mir zu Hilfe gekommen‘, sagte der König. ‚Nur dieser einfache Mann hat mir geholfen. Hier habe ich die schönste Erfahrung meines Lebens gemacht. Er wird mich mit seinem Karren zum Palast fahren und, so wie er gekleidet ist, neben mir auf dem Thron sitzen.‘

Vor dem Erscheinen des Messias wird es eine große Sintflut geben. Die Menschen werden von Ungläubigkeit überschwemmt werden. Diese Sintflut wird nicht Wasser, sondern Sittenlosigkeit bringen. Sie wird auch die höchsten Berggipfel bedecken und das Gelobte Land erreichen, das von der ersten Sintflut verschont blieb. Doch dieses Mal wird sie mit solcher Gewalt kommen, daß das Wasser sogar Erez Israel überschwemmen wird. Das bedeutet, daß das Böse auch die tugendhaftesten Herzen erreichen wird. Alle Minister des Königs werden sich zerstreuen, und das ganze Königreich wird bis in seine Grundfesten erschüttert werden. Die einzigen, die es aufrechterhalten, werden jene Armen sein, die mit einfachem Gemüt die Psalmen beten. Wenn der Messias kommt, werden sie ihm Geleit geben und ihm die Krone aufs Haupt setzen.“

Mit brennendem Herzen

Rabbi Chaim von Kossov sagte: „Wer zuweilen ein Kapitel Psalmen mit brennendem Herzen betet, bewirkt damit im Himmel viel mehr als ein anderer, der sein ganzes Leben mit Fasten verbringt.“

Lieben ohne Verstand

Unter den Jüngern des „Großen Maggid“ waren auch einige einfältige Seelen. Sie liebten den Rabbi sehr und waren ihm über die Maßen anhänglich, auch wenn sie seine tiefen Gedanken nicht zu erfassen vermochten. Der Maggid liebte sie um so mehr, weil sie mit dem Herzen an ihm hingen, ohne daß der Verstand daran teilhatte.

Manchen fällt Demut schwer

In einem gewissen Jahr wartete der „Seher“ mit großer Zuversicht auf den Messias. Als das Jahr um war, sagte er betrübt zum Jehudi, seinem Schüler: „Die einfachen Leute haben vollkommene Umkehr getan, ihnen fällt's nicht schwer. Das Problem liegt bei den Reichen und Würdenträgern: Sie vermögen nicht zur Demut und so auch nicht zur wahren Umkehr zu gelangen.“

Shemàgebet in der Synagoge

Für den Nächsten Ausreden suchen

Einst sagte Rabbi Mendel von Kossov: „Wenn du deinen Mitmenschen einen Fehler begehen siehst, dann beschuldige ihn nicht, sondern überlege: ‚Nach welchen Ausreden würde ich suchen, um mich zu rechtfertigen?‘ Diese Rechtfertigung sollst du nun für ihn suchen und dich bemühen, ihn zu entschuldigen. Denn so ist die Schrift zu verstehen: ‚Liebe deinen Nächsten wie dich selbst.‘“

Herrenloses Gut

Eines Nachts schlichen sich Diebe in das Haus von Rabbi Wolf. Im selben Augenblick erwachte er, um die Mitternachtsklage anzustimmen. Von seiner Kammer aus sah er, wie die Bande alles davontrug, was ihnen zwischen die Finger kam. Da rief der Rabbi laut: „Ich erkläre die Sachen für herrenloses Gut! Ich erkläre die Sachen für herrenloses Gut!“

Später sagte er zu seiner Frau: „Gott sei Lob, daß ich wach war und die Sachen, die sie wegtrugen, für herrenloses Gut erklären konnte. Denn sonst hätten sie, Gott bewahre, die Schuld des Stehlens auf sich geladen.“

Den Gegnern die Freude lassen

Einige Chassidim kamen zum Baal Schem Tow und sagten: „Unsere Gegner, die Weisen von Brody, bedrängen uns fortwährend und werfen uns vor, daß wir, Gott behüte, dem Gesetz zuwiderhandeln und die heiligen Sitten der Vorfahren mißachten. Wir halten das nicht länger aus und wollen sie zur Rede stellen.“

„Unsere Gegner“, erwiderte der Baal Schem Tow, „tun das gewiß in frommem Eifer. Sie glauben, ein gutes Werk zu vollbringen, und haben Freude daran, daß sie uns bedrängen. Wie also dürfen wir sie um ihre Freude bringen?“

Jetzt ist es zu spät

Der Rabbi von Byalistok erzählte folgende Geschichte: „Ein Reicher starb und wurde vor das himmlische Gericht geführt. Auf dem Weg dorthin kam er an den Wohnungen der Heiligen und der Frommen vorbei, die in einer unbeschreiblichen Freude lebten. Der Reiche bat um Erlaubnis, dort bleiben zu dürfen. Der Schutzengel sprach: ‚Du darfst hier bleiben, wenn du das Eintrittsgeld bezahlen kannst.‘

‚Sicher kann ich das‘, antwortete der Reiche, ‚ich habe sehr viel Geld.‘

‚Dein Geld wird hier nicht als Zahlungsmittel angenommen‘, antwortete der Schutzengel und zeigte dem Reichen verschiedene Papiere. ‚Siehst du diese Empfangsbescheinigungen? Es sind Empfangsbescheinigungen für Werke der Nächstenliebe. Das ist das einzige Zahlungsmittel, das wir hier annehmen.‘

‚Laß mich auf die Erde zurückkehren‘, flehte der Reiche, ‚und ich werde mein ganzes Vermögen in diese Schecks der Nächstenliebe umwandeln. Dann komme ich wieder herauf.‘

‚Dafür ist es jetzt zu spät‘, anwortete der Engel.“

Nach dem Shemàgebet

Der Tod ist ein Umzug

Der Rabbi von Kozk sagte: „Sterben ist einfach ein Umzug von einem schönen in ein noch besseres Haus.“

Der Tod ist ein Übergang

Als der Baal Schem Tow erkrankte und sich bewußt wurde, daß der Tod nahte, versammelten sich alle seine Schüler um sein Bett. Er tröstete sie mit folgenden Worten: „Ich bin nicht im geringsten besorgt, denn ich weiß, daß ich aus einer Tür hinausgehe, um durch eine andere hineinzugehen.“

Lernen zu sterben

Als Rabbi Bunam im Sterben lag, weinte seine Frau. Da sagte er: „Warum weinst du? Mein ganzes Leben habe ich nur gelernt zu sterben.“

Immer zum Sterben bereit

Der Rabbi von Ger und sein Neffe, der Rabbi von Piltz, unternahmen gemeinsam eine Reise. Auf einem abschüssigen Stück Weg scheuten plötzlich die Pferde und galoppierten den Berg hinab, ohne daß sie zu zügeln waren.
Der Rabbi von Piltz schrie voller Panik, während sein Onkel gelassen blieb.
„Warum schreist du?“ fragte der Rabbi von Ger. „Der Mensch sollte immer in Erwartung des Todes leben, denn er kann jeden Augenblick sterben. König David verbrachte so alle Tage seines Lebens und schrieb aus dieser Geisteshaltung heraus seine schönsten Psalmen.“

Ehrliches Gebet

Einst erkrankte der „Yud“ schwer, und seine Chassidim verordneten für einen Monat Gebete für seine Genesung und Enthaltsamkeit von allen alkoholischen Getränken.
Ein Bauer kam in die Stadt und kehrte in sein Stammwirtshaus ein, um dort ein paar Glas Wodka zu trinken. Doch der Wirt sagte ihm, daß an diesen Tagen absolutes Fastengebot herrsche und das Trinken verboten sei.
Der Bauer begab sich daher in die Synagoge und betete mit allen seinen Kräften: „Herr, laß den heiligen Rabbi gesund werden, damit ich wieder meinen Wodka trinken kann.“
Kurz danach fühlte sich der Rabbi besser und sagte: „Das Gebet des Bauern war ehrlicher als die euren. Ihm verdanke ich meine schnelle Genesung.“

Leben und Tod

Die Chassidim forschen nicht wißbegierig nach dem Anfang und dem Ende der Dinge. Was ist das Los der Pflanze, die aus der Erde sprießt? Zu wachsen und zu welken. Das ist das Gesetz und der Wille Gottes.
Auch der Mensch muß dieses Gesetz akzeptieren, ohne nach dem „Wie“ und dem „Warum“ zu forschen.
Er erfreue sich dennoch an seiner Berufung zum Leben und an der Rückkehr zur Quelle seines Seins, wenn der Augenblick dieses Übergangs gekommen ist.

Kaddisch am Grab des Vaters

Zwei Chassidim

Martyrium

Der Rabbi von Belz erzählte folgende Geschichte: „Es war einmal ein schlechter Jude, der die Thora und die Gebote mißachtete. Er vollbrachte allerdings eine einzige Mitzwa: Er aß nie, ohne sich vorher die Hände zu waschen.

Einst überkam ihn auf einer Reise der Hunger. Ihm fiel ein, daß in der Nähe ein Brunnen war; ihm fiel aber auch ein, daß sich nicht weit vom Brunnen Banditen in einer Höhle versteckt hielten. Doch er beschloß, seine Gewohnheiten nicht aufzugeben und begab sich unverzüglich zu dem Brunnen. Nachdem er sich gewaschen hatte, nahmen ihn die Banditen gefangen und töteten ihn. Seine Seele kam vor das himmlische Gericht, das ihn sogleich ins Paradies schickte.

Das sei euch eine Lehre“, fuhr der Rabbi fort. „Wird das Einhalten einer einzigen Mitzwa mit dem Leben bezahlt, können dadurch unzählige Gesetzesüberschreitungen gesühnt werden.“

Die Vorschriften des Glaubens befolgen

Der Baal Schem Tow unternahm einmal eine große Reise und ließ das Gespann von einem neuen russischen Kutscher führen. Sie kamen an einem Kruzifix vorbei, und der Kutscher unterließ es, sich zu bekreuzigen. Darauf befahl der Baal Schem Tow, sofort umzudrehen und nach Hause zurückzukehren. Der Tag war noch nicht vorbei, als er wieder dort ankam.

Die Jünger fragten ihn, warum er die Fahrt unterbrochen habe.

Er sagte: „Weil der Kutscher es unterlassen hat, sich angesichts eines Kruzifixs zu bekreuzigen!“ Nach einer Weile fuhr er fort: „Jeder Mensch muß die Vorschriften seines Glaubens genau befolgen. Handelt er ihnen zuwider, verdient er kein Vertrauen!“

Hat der Mensch Demut, so hat er alles

Rabbi Aaron von Starasola wurde einst gefragt, wodurch man Demut erlangen könne.

„Durch Erfüllung der Gebote“, antwortete er und kleidete seine Antwort in ein schönes Gleichnis: „Wenn ein Baum viele Früchte trägt, werden die Zweige von den Früchten gebogen und hängen tief zu Boden. Der Zweig aber, der dürr und vertrocknet ist, ragt in die Höhe und steht aufrecht, ohne sich zu biegen.“

Der Rabbi überwacht seine Schüler

Talmudische Diskussion

Der schlimmste Stolz

Der Rabbi von Lubavich sagte: „Der schlimmste Stolz ist der religiöse Stolz."

Der Hochmut der Begabten

Der Baal Schem Tow sagte: „Ein begabter Mensch neigt zum Hochmut, ohne es zu merken. Nur wenn er sich demütigen läßt, merkt er, daß er voller Stolz ist. Der Hochmut gleicht einem Menschen, der in einem Wagen reist und einschläft. Der Kutscher fährt auf einen Berg und gelangt plötzlich auf eine weite Hochebene. Wenn der Reisende erwacht und bemerkt, daß er sich auf einem Berg befindet, wird er das kaum glauben. Erst wenn die Fahrt bergab geht, wird ihm bewußt, wie weit er nach oben gelangt war."

Wie man nicht dem Hochmut verfällt

Der Rabbi von Zablitov sagte: „Wenn du keinen Erfolg kennst, betrachte dich als einen mittelmäßigen Menschen, aber wenn man dich Zaddik nennt, dann betrachte dich als einen Gottlosen. Auf diese Weise verfällst du nicht dem Hochmut."

Wer andere verurteilt, verurteilt sich selbst

Rabbi Efraim von Sudilkov sagte: „Jeder neigt dazu, eher die Fehler der anderen zu sehen als seine eigenen. Das ist wie in dem Gleichnis vom reichen Mann, der mit einer häßlichen Frau verheiratet war. Da sie viel Schmuck und viele Kleider besaß und Schminke benutzte, hielt sie sich für schön. Sie war daher sehr überheblich und arrogant und verachtete alle anderen Frauen und, ehrlich gesagt, auch ihren Mann.

Ein schlauer Freund schenkte dem Reichen einen Spiegel und riet ihm, diesen gegenüber dem Bett seiner Frau aufzuhängen.

Als diese am Morgen aufwachte und sich ungeschminkt selbst im Spiegel sah, rief sie voller Grauen: ‚Oh Unheil, ich sehe aus wie ein Dämon!'

Ihr Mann sagte darauf: ‚Du bist dieser Dämon, sobald du dich nicht in Luxuskleider hüllst, dich nicht schminkst und dich nicht mit deinem Schmuck behängst.' Von diesem Tag an wurde die Frau demütig.

Die Lehre aus der Geschichte lautet: Jeder, der über die anderen urteilt, muß wissen, daß er den gleichen Fehler hat, den er bei seinem Nächsten kritisiert. Prüfe er erst sich selbst und sein Verhalten und gehe dann mit reumütigem Herzen in sich."

Diskussion um das Wort

Sünden auf sich nehmen

Rabbi Sussya machte einmal in einer Herberge halt, die einem Sünder gehörte, der für seine Schandtaten bekannt war. Sussya wußte über sein Leben und seine bösen Taten Bescheid. Er wollte jedoch nicht vor den Leuten mit ihm sprechen, denn der Talmud besagt, wer einen Menschen öffentlich beschämt, tötet ihn; er wollte ihn auch nicht unter vier Augen zurechtweisen, da er es für eine vergebliche Mühe hielt. Er wußte aber, daß der Wirt gern an der Tür horchte, und dieses Laster offenbarte sich als dessen Rettung. Als Sussya sicher war, daß der Wirt an der Tür lauerte, hörte er auf, die Psalmen zu beten, und begann, sich laut selbst anzuklagen: „Sussya, Sklave des Bösen, wie tief bist du gesunken?" Dann zählte er alle Ruchlosigkeiten des Wirtes auf und nannte alle Namen der Orte, wo er sie begangen hatte, als seien es seine eigenen. Dabei weinte er und schlug sich in ehrlicher Reue an die Brust. Als der Wirt seine eigenen, dem Fremden bekannten Sünden wie in einem Spiegel sah, entfernte er sich von der Tür und begann von diesem Tag an ein neues Leben.

In den Schlamm hinuntersteigen

Rabbi Schlomoh von Karlin sagte: „Wenn du einen Menschen aus Dreck und Schlamm emporheben willst, glaube nicht, daß du oben bleiben kannst und es ausreicht, ihm eine hilfreiche Hand zu reichen. Du selbst mußt ganz in den Dreck und Schlamm hinabsteigen. Ergreife ihn mit festen Händen und führe ihn und dich ans Licht zurück."

Die Gabe für die Armen

In jungen Jahren pflegte Rabbi Mosche von Ujhely übers Land zu ziehen, um Geld für die Armen zu sammeln. Denn aus Liebe zu den vom Glück Verlassenen war ihm keine Mühe zu groß, ihnen zu helfen.
Einmal kam er in eine Herberge und traf auf eine Gesellschaft von Männern beim Kartenspiel. Er trat an sie heran und trug sein Anliegen vor. Die Gesellschaft bestand jedoch aus rohen Kerlen und groben Burschen, sie gaben nichts, sondern sahen ihn nur boshaft an. Einer von ihnen, ein besonders frecher Kerl, erhob sich vom Stuhl, schlug auf Rabbi Mosche los und sagte: „Hier hast du deine milde Gabe, und nun scher dich davon!" Rabbi Mosche nahm die Schläge ohne Widerspruch und ohne sich zu wehren hin. Dann sagte er: „Nun habe ich meinen Teil erhalten, die Schläge gehören mir. Was aber gibst du für die Armen?" Er sprach in so demütigem Ton, daß sogar die Herzen dieser rohen Leute gerührt wurden; tiefes Erbarmen überkam sie, und sie gaben ihm alles Geld, das sie bei sich hatten.

Die Armen verteidigen

Die Frau des Rabbi Zeev Wolf von Zbaraz hatte eines Tages Streit mit ihrer Dienerin. Sie beschuldigte sie, ein Werkzeug zerbrochen zu haben und verlangte Wiedergutmachung. Das Mädchen leugnete die Tat und weigerte sich, für den Schaden aufzukommen. Der Streit wurde immer heftiger, bis die Frau beschloß, sich an das Rabbinergericht zu wenden. Sie kleidete sich rasch an, um den Raw aufzusuchen. Als Rabbi Wolf dies sah, zog er ebenfalls das Sabbatgewand an. Als seine Frau nach dem Grund fragte, erklärte er, daß er sie begleiten wolle. Sie protestierte: „Ich weiß allein, was ich vor Gericht zu sagen habe."
Der Zaddik antwortete: „Du weißt es sicher, aber nicht das arme Waisenmädchen, das ich verteidigen werde. Sie weiß es nicht, und wer soll sie verteidigen, wenn ich nicht mitkomme?"

Chassidisches Geheimnis

Geschichten als Gebetsersatz

Der Rabbi von Ritzin sagte: „Abraham wollte die Juden befähigen, einen Teil des Tages Gott zu widmen. Daher setzte er das Morgengebet ein. Der Teufel bemühte sich um dessen Abschaffung. Es gelang ihm, indem er den Geist der Juden mit Ablenkungen und unzüchtigen Gedanken füllte.

Isaak sagte: ‚Ich werde ein kürzeres Gebet anordnen, so daß die Juden mit der nötigen Konzentration beten können.' Aber das erwies sich als unzureichend. Da sagte Jakob: ‚Ich werde einen freiwilligen Abendgottesdienst anordnen. Vielleicht wird der Teufel sich nicht bemühen, unangemessene Gedanken in einen Dienst einzuführen, der für die Juden freiwillig ist.' Aber auch diese Lösung war ein Mißerfolg. Es kam der heilige Ari und sagte: ‚Ich werde das schweigsame Gebet einführen.' Doch alles war umsonst.

Schließlich kam der Baal Schem Tow und sagte: ‚Der rechtschaffene Mann, der jedoch unfähig ist, richtig zu beten, soll laut einige Psalmenverse singen oder einige Geschichten der Zaddikim erzählen und diese mit heiliger Bedeutung versehen.' Erst dies erwies sich als eine wirksame Hilfe gegen die Intrigen des Teufels."

Einfache Geschichten und Gebote der Thora

Der Baal Schem Tow sagte: „Ein König sandte seinen Sohn aus, damit er in einer grenznahen Festung das Kommando übernähme. Er sagte ihm, daß der Feind in nächster Zukunft einen Angriff plante und er sich in der Festung alle Nahrungsmittel sammeln sollte, die er beschaffen könne.

Wenn es ihm nicht gelänge, hochwertige Nahrungsmittel zu finden, solle er die Lagerräume mit minderwertigen Nahrungsmitteln füllen. Auch wenn ihm der Rat des Königs unnötig erschien, befolgte ihn der Prinz. Die Belagerung der Festung zog sich lange hin, und schließlich konnte dank der minderwertigen Nahrungsmittel die Kapitulation vermieden werden.

Auf die gleiche Weise sollt ihr diese einfachen Geschichten, die ich euch erzähle, gemeinsam mit den wichtigen Geboten der Thora im Gedächtnis bewahren. Bei eurer Arbeit mit den Menschen erweist sich alles als nützlich."

Geschichten erzählen, um aufzuwecken

Rabbi Nachman von Bratzlav sagte: „Andere glauben, das Erzählen von Geschichten fördere das Einschlafen; ich hingegen glaube, das Erzählen von Geschichten ist hilfreich, um Menschen aufzuwecken."

Witze, um das Leben zu erhalten

Rabbi Mosche von Savrany verbrachte einmal den Sabbat in Kischenev. Nach dem Morgengebet ging er in sein Zimmer und bat einige Gäste zu sich herein. Er erzählte ihnen allerlei Geschichten und Witze und lachte selbst herzlich darüber. Die anderen aber wußten nicht, was sie mit diesen einfachen Geschichten und Witzen anfangen sollten und konnten es nicht fassen, daß der Rabbi nach der tiefen Hingabe beim Beten nun so übermütig lachen konnte.

Darum verließ bald einer nach dem anderen unter einem Vorwand das Zimmer, bis nur noch einer übriggeblieben war. Da sagte Rabbi Mosche zu ihm: „Der wahre Zaddik verrichtet das Gebet bis zur Auflösung des Seins; dabei läuft er aber Gefahr, daß seine Seele der tiefen Ergriffenheit nicht standhält und sich vom Körper trennt. Aber es ist offensichtlich, daß dies nicht der Wille Gottes ist; daher führt der Zaddik bisweilen einfache Reden, um sich für einen Augenblick der Gedanken an Gott zu erwehren. Er muß dies tun, um sein Leben zu erhalten."

Sabbatgespräch

Der verborgene Messias und der Bettler

Rabbi Tzvi Elimelekh von Dinov hatte einen Sohn, den Rabbi von Stritzev.

Einst kam ein armer Bettler nach Dinov, um dort den Sabbat zu verbringen. Dieser Arme war der Messias. Er mußte in einer armseligen Hütte außerhalb der Stadt wohnen, weil ihn niemand in sein Haus einließ. Er vertraute daher seinen Sack einem Bäcker an und begab sich in die Synagoge. Doch die Jugendlichen der Stadt machten sich über ihn lustig, und als die Stunde des Gebetes gekommen war, stellten sie ihm nach, so daß er nicht mit der Gemeinde zusammen beten konnte.

Zum Abschluß des Sabbat lud der Rabbi von Stritzev seine Schüler zur dritten Sabbatmahlzeit ein. Der Arme schloß sich ihnen an. Doch auch jetzt machten sich die Jugendlichen über ihn lustig und quälten ihn.

Als der Rabbi dieses Schauspiel nicht mehr ertragen konnte, stand er auf und sprach zu dem Armen: „Geh zu Rabbi David, auch er hat ein reiches Sabbatmahl bereitet, um die Königin Sabbat zu begleiten. Dort kannst du essen und trinken, soviel du willst."

Doch der Arme antwortete: „Ich bin nicht hierhergekommen, um zu essen und zu trinken, sondern um Worte der Thora zu hören."

Da wurde der Rabbi rot vor Wut und jagte ihn fort, damit er nicht den Frieden der Mahlzeit der Königin störte.

Nach dem Essen klopfte der Rabbi an die Tür seines Vaters, des Rabbis von Dinov, doch die Tür war verschlossen. Er klopfte weiter, doch niemand öffnete ihm. Im Haus hörte er seinen Vater mit jemandem über die Geheimnisse der Thora sprechen. Er verstand aber nichts, weil die Tür und die Fenster fest verschlossen waren.

Am nächsten Morgen fragte der Rabbi seinen Vater: „Mit wem hast du gestern nacht gesprochen?"

„Mit dem armen Bettler", antwortete ihm der Vater. „Und weißt du, wer das war? Es war der Messias, der Sohn Davids." Bei diesen Worten verlor der Rabbi von Stritzev die Besinnung und fiel zu Boden. Als er wieder zu sich kam, lief er durch den ganzen Ort, um den Bettler zu suchen, fand ihn jedoch nicht und sah ihn nie wieder.

Liebeserklärung

Rabbi Mordechai von Lekhivitz erklärte folgendermaßen die beiden Verse des Hohenliedes: „,Ich erhob mich, um meinem Geliebten zu öffnen': Ich muß zugeben, alle meine guten Werke dienen nur als Zeugnis für den Herrn, daß ich die Gemeinschaft mit Ihm wünsche.

‚Meine Hände tropften von Myrrhe': Mein Wissen um den Unwert der Werke meiner Hände, das ist die Myrrhe, die Ihm gefällt.

Doch wenn ich glaube, daß ‚ich meinem Geliebten öffnen kann', daß ich aufgrund meiner guten Werke die Gemeinschaft mit Ihm verdient habe, dann ‚ist mein Geliebter weg, ist entschwunden'."

Sein wie ein Neugeborenes

Rabbi Mendel sprach: „Der Psalmist sagt: ‚Wenn ich Deine Gesetze, Herr, erfüllen will, so lasse es mir scheinen, daß Du zu mir sagst: Du bist Mein Sohn, heute habe Ich dich geboren.' Wie ein Neugeborenes von jeder Sünde rein ist, so ist es auch der Mensch, der ein Gebot Gottes ohne Heuchelei mit aufrichtigem und demütigem Herzen erfüllt."

Am Morgen warte ich und spähe (Ps 5,4)

Die Witwe

Alleine gehen

Ein junger Rabbi beklagte sich bei seinem Meister: „Während der Stunden, in denen ich mit dir lerne, fühle ich mich voller Licht und Leben, aber sobald ich allein lerne, verschwindet dieser Gemütszustand. Was soll ich tun?“
Der Rabbi antwortete: „Du bist wie ein Mann, der in einer dunklen Nacht durch den Wald geht. Da er Angst vor der Dunkelheit hat, geht er in Beleitung eines Freundes, der eine Laterne hat. Zum Schluß gelangen sie an eine Stelle, an der sich ihre Wege trennen; von dort an müssen sie allein weitergehen. Wenn beide eine Laterne hätten, hätte der erste keinen Grund, die Dunkelheit zu fürchten.“

Die Kuh der Armen

Bevor Rabbi Meir von Pramislav als „der Rebbe“ berühmt wurde, war er arm und verdiente seinen Lebensunterhalt mit dem Verkauf der Milch seiner einzigen Kuh. Trotzdem legte er jede Woche einige Kopeken beiseite, die er zum Sabbat an die Armen verteilte. Einmal gelang es ihm jedoch nicht, etwas beiseite zu legen. Da brachte er die Kuh zum Schlachter und verteilte das Fleisch an die Armen. Als seine Frau die Kuh nicht mehr vorfand, lief sie zum Rabbi und schrie voller Verzweiflung, die Kuh sei verschwunden. Er antwortete: „Sie ist in den Himmel ‚aufgestiegen‘.“

Der Weg der Armen

Der Sohn, der die Schuld des Vaters sühnt

Rabbi Schmelke von Nikolsburg erklärte den Vers: „Ein eifersüchtiger Gott, der die Schuld der Väter in den Söhnen bestraft." Er sagte: „Wenn ein Mann eine Sünde begangen hat, die er im Laufe seines Lebens nicht gesühnt hat, erlaubt der Herr in Seiner Barmherzigkeit, daß der Sohn in Versuchung gerät, die gleiche Sünde zu begehen. Wenn der Sohn widersteht, ist die Sünde des Vaters vergeben."

Wie ein Vater

Inmitten des Gebets am Jom Kippur rief Rabbi Levi: „Herr der Welt! Was willst Du von Deinen Kindern? Sie sind böse und mißachten Deine Satzungen. Daher frage ich Dich: Ist es nicht heilig, wenn ein Vater folgsame Kinder liebt und ihnen Gutes tut? Und ist es nicht um vieles heiliger, wenn ein Vater schlimmen Kindern, die seine Ermahnungen mißachten und seinen Wünschen zuwiderhandeln, dennoch Liebe und Huld erweist? So flehe ich zu Dir, erbarme Dich unser, wie ein Vater sich seiner Kinder erbarmt!"

Wo wohnt Gott?

Rabbi Mosche von Kobryn besuchte einmal seinen Freund, den Ruzhiner. Der führte ihm sein Söhnchen Abraham Jakob vor, damit Rabbi Mosche ihn segne. Als sich der Kobryner von der Klugheit des Jungen überzeugt hatte, küßte er ihn und reichte ihm einen Rubel: „Sag mir dafür, wo Gott wohnt." Abraham antwortete: „Ich gebe zwei Rubel, wenn du mir sagst, wo Gott nicht wohnt."

Gott wird helfen müssen

Unter den Chassidim, die zu Rabbi Meir kamen, war auch einer, der Seinwel hieß. Seine Ehe war kinderlos geblieben, obwohl er mit seiner Frau schon seit zehn Jahren verheiratet war. Dauernd bedrängte er den Rabbi, daß er für ihn Kinder erflehen möge. Einmal kam er zusammen mit seiner Frau. „Wir werden", rief diese, „keine Ruhe geben, bis Ihr uns mit einem Sohn segnet." Der Rabbi erwiderte: „Gebt mir den Zahlenwert des Wortes Ben in Geld, so werde ich für euch einen Sohn erflehen." Seinwel fing an zu handeln, er könne soviel nicht geben, und bot immer eine Münze mehr. Der Rabbi aber blieb hart und gab nicht nach. Schließlich legte Seinwel all sein Geld auf den Tisch und sagte: „Glaubt mir, Rabbi, mehr habe ich nicht!" Rabbi Meir aber beharrte weiter auf seiner Forderung. Da wurde die Frau wütend und sagte: „Mann, nimm das Geld wieder! Uns wird Gott helfen müssen!"

„Na also!" rief der Rabbi erfreut. „Ihr seid gekommen und habt mich angebetet – Gott habt ihr vergessen. Da ich aber mit euch wegen des Geldes verhandelt habe, habe ich erreicht, daß ihr eure Hoffnungen auf den einzigen gerichtet habt, der euch wirklich helfen kann." Darauf segnete er sie, und sein Segen ging in Erfüllung.

Mehr lieben

Als ein Vater den Baal Schem Tow einmal fragte, was er tun solle, da sich sein Sohn von Gottes Wegen abgewendet habe, antwortete der Baal Schem Tow: „Du sollst ihn mehr lieben."

Zwei Generationen auf dem Weg

Chassidischer Tanz an der Mauer

Tanzen

Der Rabbi von Sudlikov erzählte folgendes Gleichnis: „Ein Geiger spielte auf so wunderbare Art Tanzweisen, daß alle, die ihn hörten, voller Leidenschaft zu tanzen begannen. Ein Tauber betrat den Raum und verstand nicht, warum alle mit solcher Begeisterung tanzten. Wenn er nicht taub gewesen wäre, hätte er sich ihnen nicht angeschlossen?

Unsere Gegener wundern sich, wenn sie die Chassidim bei ihren Treffen singen und tanzen sehen. Wenn sie verstünden, was uns bewegt, würden sie dann nicht unsere Gefährten werden?“

In Todesgefahr tanzen

Rabbi Schmelke von Nikolsburg und Rabbi Mosche Leib von Sassov reisten auf einem Schiff. Als das Schiff in einem furchtbaren Sturm zu sinken drohte, machte sich Rabbi Schmelke auf die Suche nach Rabbi Mosche. Er fand ihn voller Freude tanzen. „Warum tanzt du?“ fragte Rabbi Schmelke.

„Mich erfüllt der Gedanke mit Freude, daß ich bald ins Haus meines Vaters zurückkehre“, antwortete der Sassover.

„Dann will ich mit dir tanzen“, sagte Rabbi Schmelke.

Unterdessen hatte sich der Sturm gelegt, und das Schiff konnte anlegen.

Für Gott in die Hölle tanzen

Rabbi Elimelekh sagte: „Wenn ich in die Welt des Jenseits komme und zur Hölle verurteilt werden sollte, so werde ich mit großer Lust in die Hölle hineintanzen, im Bewußtsein, dadurch den Willen Gottes zu erfüllen. Denn wer Gott in Liebe dient, muß auch in die Hölle für Ihn gehen.“

Empfang der Königin Sabbat an der Mauer

Das Geheimnis nicht sehen

Rabbi Nachman von Bratzlav hat uns diesen Spruch seines Urgroßvaters, des Baal Schem Tow, überliefert: „Die Welt ist voller Lichter und Geheimnisse, doch der Mensch versteckt sie mit seiner kleinen Hand."

Wie sieht eine Seele aus?

Rabbi Simcha Bunam von Przysucha wollte einmal den für seine Naivität bekannten Rabbi von Mogielnica hänseln. Er fragte ihn: „Sag mir, ich bitte dich, wie sieht eine Seele aus?"
Da antwortete Rabbi Chaim Meir Jechiel in seiner Schlichtheit: „Hast du einmal die Glaskristalle einer Hängelampe beobachtet, wie sich das Licht darin in bunten Farben bricht? So sieht eine Seele aus!"

Alle sind Edelsteine

Einst sagte der Baal Schem Tow: „Es gibt wahre Edelsteine, die offenbar sind, und jedermann kann ihren Glanz, ihre in verschiedenen Farben strahlenden Lichter sehen und ihre Echtheit erkennen: Dies sind die wahrhaft Gläubigen. Wieder gibt es falsche Edelsteine: Dies sind die heuchlerischen Frommen. Schließlich gibt es Edelsteine, im Sand verborgene Schätze, die man nicht gleich als Edelsteine erkennen kann: Das sind jene, die sich leichtfertig den Begierden und Leidenschaften hingeben, die Vorschriften des Gesetzes nicht befolgen, wohl aber in ihrem Herzen den Schatz der Menschenliebe tragen." Er hielt einen Augenblick inne und setzte dann hinzu: „Aber alle sind sie Edelsteine!"

Das Land, das Ich dir zeigen werde

Rabbi Sussya hielt es wieder einmal für notwendig, die Chassidim durch eine Erzählung wachzurütteln. Er sagte: „In der Heiligen Schrift wird uns erzählt: ‚Und Gott sprach zu Abraham: Gehe aus deinem Land, von deiner Freundschaft und aus deinem Vaterhaus in das Land, das Ich dir zeigen werde.' Nun ist uns unerklärlich, warum der Ewige Seinen Befehl dreifach bestätigt hat; Er hätte ja auch sagen können: ‚Gehe aus deinem Lande'; es versteht sich ja von selbst, daß damit auch gemeint gewesen wäre, von der Freundschaft und aus dem Vaterhaus wegzugehen. Aber die Thora lehrt uns: Zuallererst gehe aus deinem Lande – das ist der Irrtum, in dem sich das Land befindet; dann von deiner Freundschaft – das ist der Irrtum, den dir deine Freunde eingeprägt haben; danach aus deinem Vaterhaus – das ist der Irrtum, in dem du von deinen Eltern erzogen worden bist. Erst dann kannst du in das Land gehen, das Ich dir zeigen werde."

Alles wurde aus Liebe zu Israel geschaffen

Ein Wissenschaftler kam von weither zum Baal Schem Tow und sagte zu ihm: „Meine gründlichen Forschungen haben ergeben, daß sich das Rote Meer damals, als es die Kinder Israels durchquert haben, aus natürlichen Gründen geöffnet hat. Was bleibt also von dem berühmten Wunder?"
Der Baal Schem Tow antwortete: „Weißt du nicht, daß Gott die Natur geschaffen hat? Er hat sie so geschaffen, daß sich das Rote Meer zu der Stunde öffnete, zu der die Kinder Israels es durchquerten. Das ist das berühmte Wunder."

Exodus

Jerusalem, Neustadt

Liebe zu Zion

Rabbi Schneur Zalman von Ladi sagte: „Die Liebe zu Zion muß im Herzen eines jeden Juden wie ein Feuer brennen. Wer ein echter Jude sein will, muß nach Palästina gehen; und wenn er Hindernisse auf der Reise findet, muß er sie alle überwinden, bis er dort anlangt."

Die Luft im Lande Israel

Rabbi Menachem Mendel von Premislan pflegte zu sagen: „Es stimmt, daß die Luft im Lande Israel zur Weisheit verhilft. Ich habe so lange außerhalb seiner Grenzen gelebt, daß alles in mir sich danach gesehnt hat, wenigstens einmal ein Gebet auf die richtige Weise zu beten. Seitdem ich im Lande Israel lebe, ist es mein einziger Wunsch, einmal ‚Amen' so zu sagen, wie es vor Gott ausgesprochen werden sollte."

Ich muss nach Palästina gehen

Rabbi Nachman von Bratzlav sagte: „Solange ich lebe und atme, muß ich nach Palästina gehen. Geist und Weisheit sind nur dort zu finden. Dort kann der Mensch den höchsten Zustand erreichen, er kann sein wie Er, gelobt sei Sein Name.

Alles, was ich erlebt habe, bevor ich nach Palästina kam, ist wie das Innere der Frucht, bevor sie reift. Der einzige Ort für mich ist Palästina."

Als seine Schüler ihn fragten, ob er ein geistiges Palästina im Sinn habe, antwortete er: „Nein, ich meine das wirkliche Palästina, mit seinen Häusern und seinen Straßen, wie wir es mit unseren Augen sehen. Das Leben, das ich besitze, verdanke ich nur der Tatsache, daß ich in Palästina gewesen bin."

Wann wirst Du sie aufheben?

Rabbi Levi unterbrach einmal sein Gebet und sprach: „Herr der Welt! Fallen einem Juden die Teffillin vom Haupt, so beugt er sich erschrocken zur Erde hinab, hebt sie auf und küßt sie ehrfurchtsvoll. Herr der Welt! Deine Tefillin, die Kinder Israels, sie liegen seit zweitausend Jahren am Boden. Wann wirst Du sie aufheben? Wann wirst Du sie aufheben?"

Jerusalem, heilige Stadt

Wenn das Land Israel den Besitzer wechselt

Rabbi Ezechiel von Kozmir sagte: „Der Herr gab Abraham das Land Kanaan unter der Bedingung, daß seine Erben seinem Beispiel folgen sollten. Als Ismael die Lehre seines Vaters nicht befolgte, ging das Erbe an Isaak über. Als Esau nicht die Überlieferung Isaaks befolgte, ging das Erbe an Jakob, der den Namen ‚Israel' erhielt. Als Israel seinen Gott verließ, ging das Erbe an Esau-Edom zurück. Als die Kinder des Esau entarteten, mußten sie das Land Kanaan an Ismael zurückgeben.

Zum gegenwärtigen Zeitpunkt erleben wir einen neuen Besitzerwechsel. Palästina wurde von Edom-Esau zurückerobert, und in Kürze wird es von Edom seinem rechtmäßigen Besitzer Israel zurückgegeben werden."

Das Land Israel und die Thora

Als der Rabbi von Berdichev erfuhr, daß gewisse weltlich gesinnte Juden, Zionisten genannt, sich für die Wiederherstellung eines jüdischen Staates in Palästina einsetzten, erzählte er folgendes Gleichnis: „Ein reicher Mann suchte nach einem Bräutigam für seine Tochter. Ein Freund sagte zu ihm: ‚Wenn du meinen Rat willst, verheirate deine Tochter mit einem armen jungen Mann; er wird die reiche Mitgift, die du ihr gibst, schätzen und deine Tochter lieben. Ein reicher junger Mann würde sich wenig um die Mitgift kümmern und möglicherweise deine Tochter beleidigen.'

Der Vater befolgte diesen Rat seines Freundes.

Kurz nach der Hochzeit beklagte sich die Tochter bei ihrem Vater, weil der Ehemann ihr nicht genügend Respekt entgegenbrachte. Der Vater verjagte den Schwiegersohn, ließ sich jedoch später überzeugen, ihn erneut ins Haus aufzunehmen.

Nach einiger Zeit beklagte sich die Tochter erneut. Da wurde dem Schwiegersohn befohlen, für immer zu gehen. Dieser lehnte sich dagegen auf und verlangte das Geld, das seine Frau als Mitgift erhalten hatte. Der Schwiegervater aber sprach zu ihm: ‚Ich habe dir ein Vermögen gegeben, damit du meine Tochter in Ehren ernähren kannst. Aber wenn du meine Tochter nicht würdigst, gehört dir auch das Vermögen nicht mehr.'"

Der Rabbi von Berdichev erklärte das Gleichnis: „Der Herr wollte Seine Tochter, die Thora, einem Volk geben, das ihr Respekt entgegenbringt. Moses sagte zu Ihm: ‚Ich rate Dir, sie einem armen Volk ohne Land zu geben, es wird ihr die gebührende Ehre entgegenbringen. Der kleine Streifen Berge und Sand, Palästina, das Du ihm als Mitgift gibst, wird die anderen Völker nicht kümmern, denn sie haben genügend Land.' Gott befolgte den Rat Moses'. Als Israel es dann an Liebe zur Thora mangeln ließ, wurde es mehrfach von Gott verstoßen. Jetzt sind einige Juden gekommen und verlangen Palästina ohne die Thora. Aber Gott im Himmel antwortet: ‚Ich habe euch Palästina gegeben, damit ihr die Thora lieben, respektieren und schätzen könnt. Aber wenn ihr euch nicht um die Thora kümmert, dürft ihr auch Palästina nicht verlangen.'"

Jerusalem, deine Mauern aus purem Gold

Ein Schatz in deinem Haus

Ein Jude aus Krakov wollte seine Stadt verlassen, um voranzukommen. Bevor er sich dazu entschloß, ging er nach Kozk, um den Rabbi um Rat zu fragen.
Der Rabbi erzählte ihm folgende Geschichte: „Ein Jude aus Krakov träumte immer wieder, am Fluß bei einer Mühle sei ein Schatz versteckt, der darauf warte, von ihm entdeckt zu werden.
Des Nachts verließ er das Haus, ging zum Fluß, grub voller Eifer, fand aber nichts. Der Müller bemerkte den Fremden und fragte, warum er in der Nähe seiner Mühle grabe. Als der Jude ihm seinen Traum erzählte, rief der Müller aus: ‚Auch ich habe geträumt. Mir träumte, im Hof des Hauses eines Mannes aus Krakov befinde sich ein Schatz', und er nannte ihm den Namen des Juden selbst. Der Mann kehrte unverzüglich nach Hause zurück, grub im eigenen Hof und fand den Schatz.
Siehst du," fügte der Rabbi hinzu, „wenn man unter dem eigenen Haus gräbt, findet man einen Schatz. Aber um ihn zu entdecken, muß man zum Rabbi gehen."

Der Beruf

Einst sagte Rabbi Naftali: „In meiner Jugend nahm ich mir vor, kein Rabbineramt zu bekleiden. Ein Rabbiner, sagte ich mir, ist häufig gezwungen, den Leuten zu schmeicheln und öfters zu lügen. Ich wollte aber ein ehrlicher Mensch sein. Daher wollte ich irgendein Handwerk ausüben. Als ich aber älter geworden war, erkannte ich, daß auch ein Handwerker seine Kunden belügen muß. Denn das ist die Schwäche des Menschen: zu lügen und zu fälschen. Da sagte ich mir: Wenn ich schon ein Lügner sein muß, dann einer im geweihten Gewand; so werden die Menschen mich ehren und achten."

Die Pflicht eines Meisters

Rabbi Nachman von Bratzlav sagte: „Es ist die Pflicht eines Meisters, jene zu stärken, die gefallen sind, und ihnen zu zeigen, daß der Herr stets in der Nähe ist. Es ist aber auch seine Aufgabe, denen, die sich für Heilige halten, zu beweisen, daß sie nichts von Gott wissen."

Meister und Schüler

Als einmal tausende von Schülern den Rabbi von Ger besuchten, um ein Fest zu feiern, sagte dieser: „Ich will ehrlich sein. Ihr könnt nicht auf mich als Mittler zwischen euch und Gott zählen. Ich kann euch nur den Weg zeigen, der zur Heiligkeit führt. Aber ihr müßt ohne meine Hilfe gehen. Lernt, auf euren Füßen zu stehen, und auch wenn euer Rebbe kein großer Mann ist, werdet ihr nicht fallen."

Das würde mir genügen

Rabbi Mosche von Kobryn sagte: „Wenn ich mit Gewißheit wüßte, daß ich einem meiner Chassidim geholfen hätte, Gott zu dienen, das würde mir genügen."
Ein andermal sagte er: „Wenn ich wüßte, daß ich ein einziges Mal ‚Amen' gesagt habe, wie es sich gehört, das würde mir genügen."
Und wieder ein andermal sagte er: „Wenn ich wüßte, nach meinem Tod würde im Himmel verkündet, daß auch nur ein Jude dorthin kommt, das würde mir genügen."

Das Herz des Zaddik

Der Maggid sprach: „Es ist schwer, ein Zaddik zu sein. Sein Herz wird von Leid und Sorge überflutet." Dann lachte er: „Ich gönne allen Bösewichtern, daß sie Zaddikim werden."

Licht über Zion

Glossar

Aschkenasim: Ursprünglich der Name eines in Gen 10,3 erwähnten Volkes, bezeichnete A. im rabbinischen Schrifttum des Mittelalters die im Gebiet Deutschlands und Nordostfrankreichs lebenden Juden. Seit den Kreuzzügen bezog der Begriff auch die nach Polen und Rußland geflüchteten Juden und ihre Nachfahren mit ein. Darüber hinaus beschreibt A. als geographischer Terminus auch das ganze Umfeld dieser Lebenswelt.

Baal Schem Tow („Meister des guten Namens", abgekürzt: „Bescht"): Bezeichnet jemanden, der mit dem geheimen Gottesnamen JHWH magisch umzugehen weiß oder im Volk wegen seiner Fähigkeiten einen „guten Namen" hat. Am bekanntesten als Ehrenname des Rabbi Israel Ben Elieser (1698-1760), des Gründers des Chassidismus. Er wirkte, von seinen Anhängern als gottberufener Glaubensführer verehrt, als Wanderprediger, Erzähler, Amulettschreiber und Wunderheiler in der Ukraine. Sein Leben und seine volkstümliche mystische Lehre von der Gottesannäherung und -versenkung durch Wort und Tat wurden von seinen Schülern und im Volksmund überliefert.

Chassid, Pl. **Chassidim** („der Gütige", „der Treuherzige"): Anhänger des Chassidismus, Mitglied einer chassidischen Gruppe.

Chassidismus (abgeleitet von „Chessed": Gnade, Milde): Begründet von Israel Ben Elieser, dem Baal Schem Tow, entstand der Ch. in der Mitte des 18. Jahrhunderts in der Ukraine und im südöstlichen Polen als eine Erneuerungs- und Erweckungsbewegung, die sich, ausgehend von verschiedenen asketischen und mystischen Strömungen, schnell zu einer Massenbewegung entwickelte. Zugleich jüngste Ausformung der jüdischen Mystik, betonte die chassidische Lehre in dem Bestreben, die geistig-religiösen Bedürfnisse der weniger thorakundigen einfachen Leute zu erfüllen, den Vorrang des andächtigen Gebets vor Thorastudium und -gelehrsamkeit und popularisierte und ethisierte die Systeme der Kabbala. Das begeisterte Streben nach inniger Gottesnähe durch sinnerfüllte Andacht und die Weihe der Alltagspraxis bestimmte die religiöse Lebensorientierung der Chassidim: Es war möglich, Gott in seiner Immanenz durch alles Tun und alle Dinge hindurch nahe zu sein. Als historisch einflußreiche Strömung zerfiel der Ch. in der Mitte des 19. Jahrhunderts, die Wirkung seiner Lehre besteht jedoch innerhalb und außerhalb des Judentums bis heute fort.

Deuteronomium („zweites Gesetz"): Name für das 5. Buch Moses', eine Sammlung von Abschiedsreden, in denen Moses den Juden das Gesetz Jahwes mit der Mahnung zu treuer Befolgung darlegt.

Erez Israel („Land Israel"): Bezeichnet das biblische Kanaan, soweit es von den israelitischen Stämmen in Besitz genommen wurde. Im 20. Jahrhundert vor Gründung des Staates Israel der Name für Palästina.

„Heiliger Levite": Beiname von Rabbi Levi Isaak von Berdichev, gestorben 1809.

Jehudi: Beiname von Rabbi Jakob Isaak von Przysucha, gestorben 1814.

Jeschiwa, Pl. **Jeschiwot** („Sitzung"): Talmudschule, einer theologischen Hochschule vergleichbar. Traditionellerweise begann die religiöse Unterweisung der jüdischen Jungen in der Grundschule, dem Cheder, mit dem Lesen und Lernen der Thora und des Raschikommentars. Weiterführend wird an der J. der Talmud sowie der ganze Bereich jüdischen Wissens unter Berücksichtigung wissenschaftlicher Methodik gelehrt.

Jom Kippur („Versöhnungstag"): Höchster jüdischer Feiertag am 10. des Monats Tischri (September/Oktober), der mit strengem Fasten, feierlichem Sündenbekenntis und ganztägigem Gottesdienst begangen wird. An J. findet der Prozeß der inneren Umkehr und seelischen Erneuerung, der mit dem jüdischen Neujahrsfest am 1. und 2. Tischri, dem Rosch-ha-Schana, begonnen hat, seinen abschließenden Höhepunkt. In diesen zehn Tagen schreibt Gott das Schicksal der Menschen in einem Buch nieder: Die Namen der Guten werden zum Leben für das nächste Jahr eingetragen, die der Bösen werden gelöscht, und über die Mittelmäßigen wird am Tag der Sühne befunden werden.

Kabbala („Überlieferung"): Bezeichnet die esoterisch-mystischen Strömungen und das Schrifttum der jüdischen Mystik des Mittelalters. Unter neoplatonischen Einflüssen, die mit eigenen biblischen und anderen Vorstellungen verschmolzen wurden, entstand die „theoretische" K. Mitte des 12. Jahrhunderts in der westlichen Provence und gelangte von dort Anfang des 13. Jahrhunderts nach Spanien, wo sie zum esoterischen System ausgebaut wurde. Sie zielt darauf ab, das Mysterium des Wirkens der höheren Welt in der niederen zu enthüllen. Nach der Vertreibung der Juden von der iberischen Halbinsel wuchs sie im 16. Jahrhundert zur Volksbewegung, es entstand die lurianische, „praktische" K. mit ihrem Zentrum in Palästina, die eine extreme Umformung früherer Konzepte, gleichzeitig aber auch deren neuzeitliche Gestalt und Endfassung bedeutete: Das Himmelreich soll durch Askese und bußfertige Zerknirschung erstürmt werden. Der Chassidismus verschmolz die Grundaspekte der beiden K.-Phasen zu einer neuen vitalen und volkstümlichen Synthese.

Kaddisch (aramäisch: „Heiliger"): Gebet aus dem 1./2. Jahrhundert n. Chr., in dem die Heiligkeit Gottes gerühmt und die Hoffnung auf Erlösung aus der Vertreibung zum Ausdruck gebracht wird. Ursprünglich nur das Schlußgebet des öffentlichen Gottesdienstes, wird das K. heute von den Söhnen bei der Bestattung eines Elternteils für dessen Seele und während des Jahres nach dem Tod dreimal täglich gebetet. Falls die Familie keinen Sohn haben sollte, kann das Gebet auch von einem beauftragten Vertreter gesprochen werden.

Kol Nidrei (aramäisch: „alle Gelübde"): Gebet, das der Vorbeter in der Synagoge am Vorabend von Jom Kippur vor dem Gottesdienst anstimmt. In dieser Formel wird, gesungen in einer ein Jahrtausend alten Melodie, feierlich die „Lösung" von allen unfreiwillig gegebenen Eiden und Gelübden ausgesprochen. Diese Entbindung bezieht sich jedoch ausschließlich auf Verpflichtungen, die der einzelne sich selbst auferlegt hat; Eide gegenüber Dritten sind davon ausgenommen und bleiben weiterhin gültig.

Maggid, Pl. **Maggidim** („Sprecher", „Erzähler"): Ehrentitel, mit dem die volkstümlichen Wanderprediger und Schriftdeuter vor und im Chassidismus benannt wurden. Es waren Rabbiner zweiten Ranges, die oft jedoch sehr große Bedeutung besaßen.

„Großer Maggid": Beiname von Rabbi Dow Baer von Mezeritz, Schüler des Baal Schem Tow, gestorben 1772.

Melaveh Malkah („Begleitung der Königin"): Dritte Mahlzeit am Abend des Sabbat, mit der der geheiligte Tag verabschiedet wird. In der talmudischen Epoche eingeführt, wird die M. in der Synagoge oder im Gemeindesaal gefeiert. Während leichte Erfrischungen gereicht werden (bei den Chassidim eine Fischspeise), hält der Rabbi oder ein hierzu Geladener einen dem Anlaß entsprechenden Vortrag. In den Gemeinden der Aschkenasim stimmt der Vorsänger hebräische oder jiddische Lieder an. Den Chassidim diente die M. dazu, den Sabbat bis in die Nacht hinein zu verlängern.

Messias („der Gesalbte"): Sehnsüchtig erwarteter Herrscher der Endzeit, der ein Reich des Friedens und der Freiheit errichten wird. Nach chassidischer Auffassung kann jeder durch richtiges Tun und Denken das Kommen des M. beschleunigen.

Midrasch („Forschung", „Lehre"): Aktualisierende Auslegung der schriftlichen Thora durch die Rabbiner und Weisen des Frühjudentums und der talmudischen Epoche. Als Kommentarliteratur mit teils poetischen, teils legendenhaften Zusätzen wurde die M. zum gesonderten Schrifttum erweitert und bildet neben dem Talmud den Hauptteil der nachbiblischen anonymen Literatur des Judentums.

Midrasch Tanchumah: Predigt-Midrasch aus amoräischer Zeit (3. bis 5. Jahrhundert n. Chr.).

Mischna, Pl. **Mischnajot** („Wiederholung", „Lehre"): Die hebräischsprachige Mischna bildet als eine nach Sachgebieten gegliederte Rechtssammlung und -kodifizierung den ersten Teil des Talmud. Neben der schriftlichen Thora gab es von Anfang an eine sie ergänzende mündliche Gesetzestradition. Dieser in der Thora nicht ausdrücklich formulierte, aber in der Zeit nach dem babylonischen Exil sehr umfangreich gewordene Stoff wurde im 2. Jahrhundert n. Chr. von Rabbi Jehuda in sechs Ordnungen zusammengefaßt, aus denen sich der ganze Talmud entwickelte. Die M. bildet den Kern der mündlichen Lehre.

Mizwa: („Gebot"): Vorschriften des jüdischen Gesetzes, die einzuhaltenden Pflichten des religiös mündigen Gläubigen. Am Sabbat nach seinem dreizehnten Geburtstag wird ein Jude Barmizwa, Sohn des Gebots. An diesem Tag wird er zum ersten Mal in der Synagoge aufgerufen und liest einen Abschnitt aus der Thora vor. Er ist von diesem Tag an ein religiös mündiges, beim Gebetsquorum zählendes Mitglied der Gemeinde. Mädchen erreichen die Mündigkeit bereits mit zwölf Jahren in der Batmizwa (Tochter des Gebots). In orthodoxen Gemeinden wird die Batmizwa nicht abgehalten.

Rabbi („Meister", „Lehrer"): Titel, den die jüdischen Gesetzeslehrer seit Ende des 1. Jahrhunderts n. Chr. führen. Übliche Anrede eines Rabbiners im Ostjudentum, vor allem auch bei den Chassidim.

Raw („erhaben"): Offizieller, ordinierter Stadtrabbiner, der für die Einhaltung und Lehre der Religionsgesetze zuständig ist und dem alle amtlichen Pflichten obliegen. Auch die chassidischen Rabbis bekleideten häufig dieses Amt und wurden generell mit „mein Raw" angesprochen. Als erster trug Abba Areka (175-247) diesen Titel, der bedeutendste babylonische Talmudgelehrte der Spätantike und Gründer der Gelehrtenschule in Sura. Mit ihm wurde das babylonische Judentum für ein halbes Jahrtausend Mittelpunkt der jüdischen Kultur.

Rebbe: Jiddisch für „Rabbi", bezeichnete den chassidischen Rabbi und Zaddik, auch wenn dieser nicht ordiniert war.

Ruzhiner: Sohn des Rabbi Schalom Schachna, gestorben 1850.

Sabbat („Ruhe", „Abschluß"): Als Tag Jahwes ausgezeichneter siebter Tag in der jüdischen Woche (der Samstag des christlichen Kalenders). Der S. gehört Gott als Weihegabe, denn er hat ihn bei der Schöpfung selbst als erster gefeiert, gesegnet und für heilig erklärt. So wurde der S. Grundlage der göttlichen Heilsordnung und ist in der Feier das Zeichen des dauernden Bundes zwischen Gott und dem jüdischen Volk. Wie alle jüdischen Feiertage beginnt der S. bereits am Vorabend. Während seiner Dauer darf keine Arbeit verrichtet und der Zustand der Dinge nicht verändert werden; er soll ganz der religiösen Vertiefung gewidmet sein.

„Seher": Beiname von Rabbi Jakob Isaak von Lublin, gestorben 1815.

Sephardim: Ursprünglich Name eines bei Obadja 20 erwähnten, aber unbekannten Fluchtlandes, das in der Tradition mit der iberischen Halbinsel und Südfrankreich gleichgesetzt wurde. Daher wurden mit diesem Begriff auch die spanisch-portugiesischen Juden bezeichnet. Nach ihrer Vertreibung aus dem westlichen Mittelmeerraum 1492 lebten die S. im Orient, in Italien, Holland, Nordafrika und Lateinamerika.

Shemà Israel („Höre, Israel"): Wichtigstes jüdisches Gebet, das sich aus drei Stellen aus dem Pentateuch zusammensetzt (Dtn 6, 4-9; 11, 13-21; Num 15, 37-41) und zweimal am Tag gesprochen wird.

Tallit: Im alten Israel ein alltägliches Kleidungsstück, wurde der T. zum Gebetsmantel, der von den Männern vom Tag der Barmizwa an für das Morgengebet angelegt wird. Er besteht aus einem weißen viereckigen Umschlagtuch aus Wolle, Leinen oder Seide, das mit blauen oder schwarzen Randstreifen geschmückt ist und an seinen vier Ecken die in Num 15,37 vorgeschriebenen Schaufäden, die Zitit, aufweist. Der religiöse Jude wird in seinem T. bestattet, nachdem zuvor einer der Zititfäden abgerissen wurde.

Talmud („Lernen", „Lehre"): Zunächst mündlich überliefertes, später kodifiziertes nachbiblisches Schrifttum, das aus der Überlieferung mehrerer hundert Jahre hervorging und um 500 n. Chr. definitiv abgeschlossen wurde. Der T. setzt sich aus der hebräischen Mischna und der aramäischen Gemara zusammen, der auf der Mischna aufbauenden komplexen und enzyklopädischen Diskussion ihrer Lehrsätze und Erläuterungen, die von Sagen, Erbaulichem und Anekdoten durchstreut ist. Im engeren Sinne wird auch nur die Gemara als T. bezeichnet. Man unterscheidet dabei nach dem Entstehungsort der Gemara zwei Versionen: den palästinensischen und den viel umfangreicheren, allein rechtsverbindlichen babylonischen T. Während das rabbinische Schrifttum sich mehr mit den Gesetzesteilen des T. beschäftigt, liebten die Chassidim vor allem die talmudische Sagenwelt.

Tefillin: Gebetsriemen aus dunklem Leder, die als Symbol für die Verbindung mit Gott von jedem zum Barmizwa gewordenen Juden beim Morgengebet an den Wochentagen, nicht jedoch am Sabbat und an Feiertagen angelegt werden. Während der eine der beiden Riemen um den Kopf geschlungen wird, ist der andere um Ring- und Mittelfinger der linken Hand bis über den Ellbogen des linken Arms zu wickeln. Auf beiden Riemen ist eine kleine, würfelförmige Kapsel aus Leder befestigt, die jede vier auf Pergament geschriebene Thoraverse enthält. Dadurch, daß sie auf der Stirn beziehungsweise am Arm gegenüber dem Herzen getragen werden, wird das Gebot wörtlich erfüllt, die Worte Gottes seien an die Hand zu knüpfen und zur Stirnbinde zwischen den Augen zu machen (Dtn 6, 8).

Thora („Weisung", „Gesetz"): Im engsten Sinne das den Juden am Berg Sinai von Gott gegebene Gesetz; im engeren liturgischen Sinne die feststehende schriftliche Th. der fünf Bücher Moses', des Pentateuch (Genesis, Exodus, Levitikus, Numeri, Deuteronomium); im weiteren Sinne alle Bücher der hebräischen Bibel insgesamt; und im weitesten Sinne das ganze religionsgesetzlich verbindliche heilige Schrifttum sowie als dynamisches Konzept die mündliche Th., also die weitergehende Auslegung und Aktualisierung der schriftlichen Th. in Midrasch, Talmud und den Kommentaren.

Thora sagen: Umschreibung für Textpassagen des heiligen Schrifttums zitieren, mündlich erläutern und deuten.

Yud: Buchstabe des jüdischen Alphabets, der den Zahlenwert zehn besitzt. Der Name Gottes entsteht durch die Vereinigung von zwei Y. „Yud" war auch der Beiname von Rabbi Jaakob Jizchak von Parsischa, der Anfang des 19. Jahrhunderts wirkte.

Zaddik, Pl. **Zaddikim** („der Gerechte"): Bezeichnet den chassidischen Rabbi als Zentrum und spirituellen Führer der Gemeinde, der dem Chassid als höchste weltliche und religiöse Autorität sowie als Vorbild und Mittler zwischen Gott und den Menschen gilt. Im Talmud heißt es, daß es zu jeder Zeit 36 vollkommen Gerechte geben muß, damit die Welt Bestand haben kann. Der Z. erscheint gewöhnlich in Gegenüberstellung zum Rascha, dem Bösewicht. Häufig entstanden ganze Z.-Dynastien.

Zion: Ursprünglich Name eines der Hügel Jerusalems, auf dem die Burg König Davids stand. Später bezeichnete Z. auch den benachbarten Tempelberg und schließlich die ganze Stadt Jerusalem.

Bildhinweise

3 *Vor dem Buch* (Ausschnitt). Pastell, 105 x 70 cm, 1987. Privatsammlung, Calatafimi
5 *Licht auf dem Wort.* Pastell, 68 x 70 cm, 1990. Privatsammlung, Romanshorn
9 *Selig der Mann, der die Thora liebt.* Pastell, 49 x 62 cm, 1988. Privatsammlung Lifschitz, Palermo
10 *Studien der Schrift.* Pastell, 74 x 51 cm, 1988. Privatsammlung, Lausanne
11 *Der Rabbi betet das Shemà Israel.* Pastell, 64 x 48 cm, 1990. Privatsammlung, Straßburg
13 *Wartend auf ihn.* Pastell, 70 x 98 cm, 1995. Privatsammlung, Lausanne
15 *Die sechs Weisen.* Pastell, 68 x 88 cm, 1990. „Gemeinschaft der Seelpreisung", Italien
16 *Gemeinschaftsgebet.* Pastell, 97 x 70 cm, 1990. Privatsammlung Lifschitz, Palermo
17 *Chassidische Synagoge.* Pastell, 98 x 67 cm, 1990. Privatsammlung Lifschitz, Palermo
19 *Studium des Talmud.* Pastell, 85 x 68 cm, 1990. Privatsammlung, Lausanne
21 *Auch der Schlaf ist Gottesdienst.* Pastell, 70 x 102 cm, 1990. Privatsammlung, Rom
23 *Auf dem Weg zur Mauer.* Pastell, 68 x 92 cm, 1987. Southwest Gallery, Dallas
24 *Jetzt schauen wir in einen Spiegel* (1 Kor 13, 12). Pastell, 48 x 63 cm, 1983. Privatsammlung, Madrid
25 *An deinen Toren, Jerusalem.* Pastell, 108 x 70 cm, 1995. Privatsammlung Lifschitz, Palermo
27 *Die Brüder Elimalekh und Sussya.* Pastell, 49 x 64 cm, 1990. Privatsammlung, Lausanne
29 *Der Rabbi von Lubarich.* Pastell. 88 x 68 cm, 1991. Privatsammlung Lifschitz, Palermo
31 *Shemàgebet.* Pastell, 92 x 70 cm, 1995. Privatsammlung Lifschitz, Palermo
33 *Shemà Israel.* Pastell, 98 x 71 cm, 1995. Privatsammlung Lifschitz, Palermo
34 *Zur Mauer.* Pastell, 97 x 70 cm, 1995. Privatsammlung Lifschitz, Palermo
35 *Barmizwa an der Mauer.* Pastell, 72 x 97 cm, 1995. Privatsammlung Lifschitz, Palermo
37 *Jeschiwa.* Pastell, 66 x 84 cm, 1991. Privatsammlung, Venedig
38 *Messiaserwartung.* Pastell, 72 x 96 cm, 1995. Privatsammlung Lifschitz, Palermo
39 *Jeschiwastudenten beten das Shemà.* Pastell, 98 x 70 cm, 1995. Privatsammlung Lifschitz, Palermo
41 *Shemàgebet in der Synagoge.* Pastell, 100 x 72 cm, 1995. Privatsammlung Lifschitz, Palermo
43 *Nach dem Shemàgebet.* Pastell, 99 x 71 cm, 1995. Privatsammlung Lifschitz, Palermo
45 *Kaddisch am Grab des Vaters.* Pastell, 67 x 94 cm, 1995. Privatsammlung Lifschitz, Palermo
46 *Zwei Chassidim.* Pastell, 66 x 88 cm, 1990. Southwest Gallery, Dallas
47 *Der Rabbi überwacht seine Schüler.* Pastell, 72 x 100 cm, 1995. Privatsammlung Lifschitz, Palermo
48 *Talmudische Diskusssion.* Pastell, 72 x 108 cm, 1995. Privatsammlung Lifschitz, Palermo
49 *Diskussion um das Wort.* Pastell, 72 x 88 cm, 1990. Privatsammlung Lifschitz, Palermo
51 *Chassidisches Geheimnis.* Pastell, 63 x 48 cm, 1987. Privatsammlung, Lausanne
53 *Sabbatgespräch.* Pastell, 73 x 94 cm, 1995. Privatsammlung Lifschitz, Palermo
55 *Am Morgen warte ich und spähe* (Ps 5, 4). Pastell, 64 x 47 cm, 1988. Privatsammlung, Rom
56 *Die Witwe.* Pastell, 88 x 62 cm, 1989. Privatsammlung, Agrigento
57 *Der Weg der Armen.* Pastell, 48 x 46 cm, 1987. Privatsammlung, Alcamo
59 *Zwei Generationen auf dem Weg.* Pastell, 42 x 46 cm, 1983. Privatsammlung, Rom
60 *Chassidischer Tanz an der Mauer.* Pastell, 104 x 71 cm, 1983. Privatsammlung Lifschitz, Palermo
61 *Empfang der Königin Sabbat an der Mauer.* Pastell, 72 x 106 cm, 1981. Privatsammlung Lifschitz, Palermo
63 *Exodus.* Pastell, 72 x 106 cm, 1981. Museum der Diözese Patti, Tindari, Sizilien
64 *Jerusalem, Neustadt.* Pastell, 70 x 97 cm, 1995. Privatsammlung Lifschitz, Palermo
65 *Jerusalem, heilige Stadt.* Pastell, 72 x 106 cm, 1995. Privatsammlung Lifschitz, Palermo
67 *Jerusalem, deine Mauern aus purem Gold.* Pastell, 72 x 99 cm, 1995. Privatsammlung Lifschitz, Palermo
69 *Licht über Zion.* Pastell, 72 x 108 cm, 1981. Privatsammlung, Jerusalem